有些道理
只是逼真

淡笔社 著

上海三联书店

目录

商场不是战场

　　商业总是让人捉摸不透，甚至让人讨厌。成本几十元的眼镜贴个标签，他们就敢卖出上百元。天灾后超市居然涨价，大有趁火打劫之势。有些财大气粗的商家，他们竟不顾法令禁止，对下游零售商提出定价约束，否则以解约相威胁。这些都是常见的现实，媒体总是谴责说：市场经济要有道德边界，绝不允许损人利己。一番口诛笔伐之后，就轮到监管部门出场了。

　　这些说辞听起来滴水不漏，追问起来可就难办。以定价为例，成本之上加多少钱是"合理定价"，超出多少比例算暴利？天灾后商品奇缺，超市外满是抢购者，怎么区别谁更需要？这时你会听到各种权衡利弊、折中调和的"高明"之见啊。与其说是中庸，不如说是自负啊！最根本原因，乃是他们不懂交易的本质。

　　交易不是简单商品互换，而是价值排序的取舍。交易形成的价格更是包含了巨大信息。交易不是零和游戏，商场不是战场。那些反直觉的交易"怪现象"，通常是因为你不理解其中奥秘。

价格管制会有什么后果

价格以暗示的方式传递资源稀缺信息，人们都在按照它的指示行动，却少有人意识到这一点。只有当价格成为购买商品的障碍时，人们才会谈论。价格太高，总有人抱怨商家贪婪，为多赚钱而抬高价格。尤其天灾时候，这种抱怨就变成众口一辞的谴责，价格管制就顺理成章地出台。事实上价格管制非常普遍，已经成为政府干预市场的重要形式。

市场价格指的是无数交易者在市场上交易，形成的一般均衡价格。市场范围越广，交易者越多，每笔交易对他人的影响就越有限，价格也就越稳定。政府的价格管制，就是试图对市场价格进行调节，或固定价格，或规定价格区间，例如最高价格和最低价格。

固定价格通常指向政府专营的商品，例如食盐。专营商品由于被定义为"生活必需品"，缺乏价格弹性（即价格变化对需求量不会有太大影响），所以实行单一价格。事实上，这种理由是武断的。如果因为"生活必需"而实行管制，粮食肉类也有理由实行价格管制。专营商品显得那么不可获缺，正是固定价格排除了其他替代产品的产出。这种脱离市场供需的定价机制，自然不能起到调节资源分配的作用，还会制造高利润的垄断行业。

对价格上涨实行最高限价，这是最常见的价格管制。某地牛肉拉面价格普遍上涨，政府出台禁令，每碗拉面不得高于2.5元；南方冬季冰雪成灾，政府对蔬菜、方便面实行限价；治疗某些疾病的药品价格连年上涨，病人抱怨不迭，政府出台药品限价条例。这些很常见。

最高限价的第一效果是制造短缺。很多需求被激发出来,参与到商品竞逐,限价令则使部分生产者退出生产,供给受到抑制。例如冰雪时期政府对蔬菜限价,原本将调整饮食结构的人们失去激励,照样选择买菜;种菜者由于利润减少甚至亏本,干脆选择不卖菜。那些有最强烈需求,愿意付更多钱的人们无法实现目的;供给者也因此利益受损。从整个社会看则是短缺的持续。

当人们无法竞价获得商品,只好排队、跑关系,走后门。政府会要求配额限购,对购买者要求身份证明。黑市和黄牛会十分盛行。他们通过内部关系或弄虚作假取得商品,到黑市售卖。由于风险存在,黑市价格的一部分相当于补偿金。

最高限价的另一后果是商品质量下降。经营者为应付限价令,通常会在价格外的因素作调整,以避免利润损失。削减成本是最通常的作法。政府对牛肉面实行限价,店家往往会减少牛肉片的数量。变相涨价是对限价令的抗议。生产者没有提价权利,也就缺乏改进产品的动力,很多创新改善的机会因此失去。

商品质量下降的另一种表现是,交易双方关系恶化。在完全自愿的情形下,交易双方都获得最大价值满足,并期待下次交易。如果政府对商家限价,商家不能获得满足,难免忿忿不平,并想尽最大可能挽回损失;消费者虽然得到名目上的低价,随之发现的质量低劣和商家克扣,使得他很快迁怒怪罪于商家。瑞典经济学家林德贝克曾说过:"租金管制似乎是除了爆炸之外摧毁一座城市最有效的方法。"这说的是房租管制下,房东缺乏足够的激励修缮房屋。借鉴他的说法,我想再补充一句:"管制房租吧,让房东和租客相互仇恨。"

政府实行最高限价,是向需求方讨好,向他们承诺低于市场水平的价格。如果政府实行最低限价,情形则刚好相反。这是在讨好供给方,向他们承诺高于市场一般水平的价格。最低工资法案是最典型的例子。政府要求商家以不低于某一水平的价格雇佣工人,只能使工人过高估计劳动力价格,不愿意接受低价工作;商家慑于法案压力,干脆取消部分低工资工作。最低工资提得越高,失业率就会越高。粮食市场也是经常搞最低限价的领域,效果类似,无非是造成供给的过剩和浪费。

所有的价格管制还有一个共同后果,那就是权力的扩大和官僚的增加。政府管制价格,需要雇佣公务员研究和制定价格,同时派出物价稽查员到市场巡查。他们的工资出自财政,同时寻租贪腐,还可能敲诈勒索,这些都是管制的制度成本,并和价格管制本身成为了市场不自由的一部分。

（by@菁城子）

这个价有人买，它就是这个价

类似某个行业暴利的新闻隔三岔五就得来一出。最近一次知道的是眼镜。也难怪很多人说这个国家的记者水准很低。还是暗访，真是大费周章上演愚蠢。这种新闻一次两次三次，"无商不奸"就会成了一种刻板印象。报道出来的另一层含义是，有关部门应该出手了，治一治这些贪婪的商人。如果新闻搞得足够大，有关部门必须得出手，响应底层人民的心声啊。结果就是商家和消费者利益均受损。

你手上这台手机，你估计转手能卖多少钱？是你想卖多少就能卖得出去？如果刚好有个疯子就是愿意花高价买，其他人管得着吗？有朋友送你一台全新的 iphone5，你充满爱心，拒绝暴利，200 块卖给了记者小明，记者小明出价 4000 轻松卖出。这台机子的价格并没有因你的"拒绝贪婪"而变得便宜。市场的供求情况决定了它的价格。同理，这台机子也不会因为你叫价一万而交易成功。

买卖就是买卖双方的事情，一件东西的价格就是由需求决定的。供不应求价格上涨，供过于求价格下跌。你如果卖东西也会很自然地这么干。因此"稳定物价"的说法根本就是无稽之谈，每一年几乎都有稳定物价的政策。多么动听，好像自己真的因此能买到房子。一个暴利行业，就说眼镜行业，经过有关部门对其进行成本核算后，强制在一个价格，试图消灭商家的贪婪。政策足够强悍，如人们经常呼吁的，要严格执行，结果就是供应变少，需求反而增加了。因为降价了，你和隔壁老王也都想买了。而原本因有利可图欲加入该行业的企业家放弃了。结果让买眼镜这件事变得更难。这个道理适用于任何商品。

限制价格还会造成劣质品的出现。企业为了应付政策,只好在维持原价格的同时偷工减料。以前有新闻说不许某牛肉面涨价,细心的顾客就会发现,牛肉面的牛肉少了几片。

商家也没有能力在低于成本价都卖不出去的情况还不进一步打折甩卖。风格能这么硬朗的只有垄断国企,因为他有个爹叫政府。不仅出钱还扫荡竞争对手。生意是有风险的,这需要企业家智慧。如果定价是可以随意来,是贪婪可以决定的,那么这个世上就不存在破产亏损的企业。一件商品的价格更不会因为成本高昂而变得珍贵。耗资千万去沙漠里盖一栋写字楼,看看免费有人愿意住吗。

或许你已经有点同意我开头说的,报道"暴利行业"的媒体以及他们的记者水准有多低。至于痛骂富士康是"血汗工厂"的媒体人水准可能会更低一些(不介意他们找权威机构鉴定一较高下)。

(by@吴主任)

亏本的生意没人做

有句话叫做"杀头的事有人干，亏本的生意没人做"。官场的情况中国人是比较熟悉的，同一官职，那边刚掉的脑袋还热乎，这边又来一颗。可见，重刑并不是解决问题的最好办法。食品安全领域也差不多，重刑会吓退一些不良商贩，但也会让已经走上违法道路的商贩变本加厉。贩毒要杀头，那也就不在乎多杀几个人了。因此所谓严厉打击可能到头来只是官方安抚民心的说辞。人们听着痛快也就放心了。

今天看到南方周末一篇评论，这篇文章用了这么一些关键词：食品恐怖主义、监管失灵、交易机制病态、商业伦理缺失、唯利是图的畸形市场——然后就结束了。除了罗列最近的食品安全新闻，剩下的就是吓唬人。言之无物也就算了，明显也没找对症结所在。可怜我跟这位作者还算认识。

有一点是毫无疑问的，现在的食品要比过去安全多了。之所以现在这么频繁地出现食品安全新闻，是因为过去人不知道。互联网时代之前，一个人获得信息的途径就是报纸新闻收音机。大家都是看过新闻联播的人，日子红红火火。另一个原因是，吃饱才可能关心吃得好不好。还记得以前农村发生小规模鸡瘟，死掉的鸡很多家庭都舍不得扔，煮久一点就吃。停水的时候用明矾净化河水，馒头里加糖精是默认的。还有更多的食品你都不敢细想。说这些并不是在否认如今曝出的各种食品安全问题，只是将其妖魔化造成恐慌更糟糕。

监管失灵监管缺位，这种时评宝典里的烂词谁不会说呢。问题是，政府垄断监管能不失灵吗？遇到不怕死的，收了钱就免检；要赶上严厉打击时期,那么就宁可误杀一千也不可漏掉一个。干脆定个高标准严格执行,那些其实没什么问题的食品也不让通过,保住乌纱帽比什么都重要。企业成本加剧,商品价格上涨,甚至很多食品就消失了。现在要给煎饼来个国家食品安全标准,严格执行,以后就别想在街边在见到它们。这对那些明知可能不卫生,但愿意吃街边美食的人是不公平的。这种霸道的标准也是三聚氰胺的罪魁祸首。

优质食品不是所有人都消费得起。同样是油,有上等的橄榄油,也有地沟油。国家标准可以制定得很高,高得比世界标准还体面,但一丝一毫改变不了穷人消费不起上等橄榄油的事实。最后他们连地沟油都吃不到了。其他方面如是,规定北京人民住地下室隔断间有失首都人民尊严,那么这些人就租得起三室一厅了?

不少人感叹,不法商贩真是为了钱什么都干得出来,由此得出道德滑坡的奇怪结论。但是淘宝就让中国人有了前所未有的诚信。这里并没有什么政府监管部门,也犯不着杀头。把主动权交到消费者手上。试想一下民间的监督力量。这里有企业之间竞争出来的信誉保证,有值得信赖的专业监督机构(前提是新闻自由)。

可口可乐新出的饮料你为什么敢喝?假设可口可乐新饮料无需检验就可上市,换作你是老板,你会胡来吗?如果有权威民间监督机构告知某些品牌牛奶存在质量问题,你会买给孩子喝吗?而现实的情况却是,孩子都喝出结石了家长们才知道。政府质检部门不仅容易被收买,也根本没激励机制去做好这件事,不需要信誉这种东西,吃吃喝喝不犯错就是最好的政绩。而民间的监督机构哪怕是一家靠谱的媒体都不会那么轻易被收买(现在的问题是新闻上的管制严重),而且会有利益激励着他们做得更好,检验的技术和范围等都会改进。

有企业竞争出来的信誉在,有良好的民间监督,什么值得卖什么值得买人们都会更有数,因为亏本的生意没人做(这里的生意还包括消费)。

(by@吴主任)

菜价涨跌怪菜贩子吗

最近两年蔬菜价格迭涨,中间商成了罪魁。菜农辛辛苦苦忙半年,一斤菜只赚几毛钱,从菜地到餐桌的价差都被中间商赚走。很多人因此认为蔬菜批发是暴利行业,将蔬菜价格上涨归咎于"中间环节过多",建议政府实行"农超对接"。其实按照他们的逻辑,根本不应该实行"农超对接"(超市也是中间商),而是"农消对接"。消费者到田头买菜,中间环节全面取消,岂不省事?

我觉得他们大概不认识一个蔬菜商,只是摁完计算器就骂。我的老家有人劝戒赌博者,他们会说:"输光了你就卖菜去!"说的是赌徒把家财输个精光,在本地无处容身,只能到沿海城郊当"菜贩子"。他们一般凌晨三四点出发,到菜农地里收购、分拣包装,再运到城里。有些卖给菜场摊贩,有些是自己卖。起早摸黑,忙个不停。有些菜卖不出去,烂掉扔掉,或自己吃掉。行情好的时候,卖菜能赚些钱——不过由于太辛苦,很多人吃不消,本地只有走投无路的赌徒才去干。当然也有事业兴旺的人,开着卡车在几个城区之间送菜。由于这行业门槛很低,竞争激烈,真正做得轻松的不多。他们大概很少看新闻,不知道这一行已成了某些人口中的"暴利行业"。

中间商如此辛苦,他们的作用是怎么样呢?真的像一些媒体所说,他们盘剥菜农,推高价格,提高消费者的购买成本吗?

答案是否定的。经济学最基本的常识是:成本不决定价格,供求关系才是决定价格的原因。若价格暴涨,一定是供求发生重大变化。蔬菜是日常消费品,需求很少大波动,供给却容易受各种因素影响。

天降暴雪,菜农损失惨重或交通不便,菜价自然就上涨。中间商的作用就是负责将蔬菜送到市场。越是自发形成的多层中间商,越意味着分发网络的发达,传递效率高,消费者越能尽快买到蔬菜,价格就越快下降。

有人会说:灾难时期中间商的贡献值得肯定,平时他们层层加价,不是很可恨吗? 一个发达的供应网络不是一夜之间建立起来的。中间商除了贩运蔬菜,一个重要作用是传递信息。市场上价格起落,消费者需求变化,都由中间商传递给菜农。他们通过价格起伏帮助菜农完成了对市场形势的预判:白菜供应充分,价格低落,中间商降低收储价格;萝卜紧俏,价格上扬,中间商就相应地提高菜的收储价。取消中间商,就是让菜农自己到市场上寻觅行情,效率之低可想而知。最近几年政府打击中间商的一个后果是,蔬菜价格暴涨暴跌,菜农赚一年亏一年,基本很难赚到钱,折腾得够呛。

蔬菜中间商像任何行业的中间环节一样,他们连接生产和消费者,同时扩大市场的外延,让市场更丰富、更稳定而非更动荡。利润亏损机制让他们显示出高度的灵活性,这些是政府的"农超对接"项目远远比不上的。那些种菜的、贩运的、卖菜的阿伯阿婶,他们正是服务广大菜农、供应我们餐桌的幕后英雄。对这些商人无端指责,抹煞他们的贡献,实在是很可耻的事情。

(by@菁城子)

出租车雨天多要钱不是司机的错

近日北京、天津遭遇罕见大暴雨,许多市民遭遇打车难,有司机乘机提高价格,还有司机强制乘客拼车,媒体对此番现象给予了批评报道。但极端天气下多收钱的出租司机,不应该承受那么大的谴责,因为应该承担紧急情况下救济公民责任的是政府,出租车司机是在给政府背黑锅。

与常规公共交通所服务的大众群体不同,出租汽车交通适用于对时间价值、舒适度和个人私密性追求比较高的人群。国外大部分城市出租车客运量占城市公共交通客运量的比重为5%左右,纽约的比例仅为2%,较高的东京市为10%—12%。而从北京市城市公交系统来看,出租车出行在公共交通出行中所占比例由1996年的16%下降到2002年的11.6%,2002年之后由于更多地铁线路的陆续开通,这个比例应该更低。

公共交通是分层的,从公交到飞机,都可以算作公共交通,但同为公共交通,却是有层级之分的。公交和地铁提供最初级的公共交通服务,出租车算是中级的公共交通服务。越是初级的公共交通服务,享受到的政府财政补助就越多,比如2010年北京市给公交车与地铁的财政补贴为128亿元,这一年补贴出租车的财政金额为6亿元。得到的财政补贴越多,自然应该承担更大的公共职能。

在遭遇极端恶劣天气的条件下,出租车很难有动力为乘客提供服务,尤其是在不涨价的情况下。遭遇特大暴雨的乘客,首先要质疑的不是出租车为什么涨价,而该是为何当时最初级也是最为广泛的公共交通服务公交和地铁不能及时提供服务。如果说出租车应该在危急时刻承担服务乘客的义务，那么公交地铁是不是应该承担更多的服务义务呢？

当然，在遭遇大暴雨这样极端恶劣的天气下，公交与地铁很可能本身就无法正常运营。除了花更多钱选择坐出租高价，遭遇大暴雨乘客难道就只能坐以待毙吗？事实上，每位旅客作为纳税人，在遇到大暴雨这样紧急情况时，应该求助的是政府，政府才真正负担有救援公民的义务。也就是说，公民遭遇到危急情况，应该伸出援手的理所应当是政府。所以，简单把火气撒在收高价的出租车司机身上，显然是有失公允的。

毫无疑问，按照相关法规，暴雨天出租车司机多收钱是不允许的，《北京市出租汽车管理条例》第十五条是出租汽车驾驶员在营运时应当遵守的规定，其中第（七）款为"必须正确使用计价器，不得与乘客议价，不得向乘客索要财物，收款后需要给乘客找零钱时，必须找零钱"。也就是说，即使是在大暴雨这样极端恶劣的天气下，出租车司机也只能收取往常一样的价格。

可是，在大暴雨的极端天气下，出租车司机却要承担更大的风险，出租车发生故障的几率上升事小，更重要的是出车是在用身家性命冒险。但是，出租公司并不会因为天气恶劣的原因，就给司机多些补助或是免去份子钱。于是，冒险出车却不多收钱的出租车司机，除了良心上过得去能得到极大满足之外，实际上是得不偿失的。

中国的出租车在恶劣天气下是没有保险的，非但如此，就是最基本的交强险，很多出租车也没有上，交强险是法律规定必须办的汽车上路凭证。在一些规模大的出租车公司，通过少给钱给保险公司，得到"上路凭证"，但这只是假的交强险，出了事故保险公司是不负责理赔的。这样的做法已经是一些出租车公司的潜规则，可以起到节省成本的作用。出租车要是真出了事故，名义上是保险公司理赔，实际上却是出租车公司承担80%的损失，而出租车司机则承担余下的

20％的损失。当然,所有的钱都是出租公司打到保险公司里,表面上还是保险公司负责理赔,这从程序上说,是在钻法律的漏洞。很多北京的出租车司机根本不知道自己开的车没有上交强险"裸奔",直到自己的车发生事故。

在香港,如果天文台挂起8号风球的话,香港人就不用上班,股市也不开市。出租车通常也不开,因为挂8号风球,万一出现任何意外(比如常见的被风刮坏,或者被倒下的树砸中等),保险公司并不会赔偿。当然,也有一些想赚钱的出租车司机会出来做揽客,但收取的费用显然要比平常高,就看乘客和司机的自由议价了,少则加个20元港币多至数百港币,视具体情况而定。香港人并没有像北京这次这样,过分苛责出租车司机的加价行为,一个愿打一个愿挨,谁都不容易。

许多人在微博上把北京市许多私家车主志愿往机场提供免费服务和出租车司机开出天价相比,得出私家车主爱心闪闪而出租车司机没有人性的结论。前者是志愿行为,而后者是经营行为,两者的性质不一样,根本不具有可比性。自发提供免费服务的私家车主,没有后顾之忧,助人为乐给其带来的道德感和荣誉感,本身就超过自己所承担的风险。另外,私家车主一般而言都比出租车司机的家境好很多,不依靠私家车谋生,而出租车司机只能靠出租车谋生,显然是不能一概而论。毫无疑问,前者的行为值得赞扬而后者的行为起码也应该得到大家的理解。一个社会中全心全意为人民服务的人毕竟是少数,倘若每个人都毫不利己专门利人,这样的社会是很恐怖的。

出租车司机和遭遇险境的人们,某种程度上说,都是社会的弱势群体,谁都不容易,屌丝何苦难为屌丝。

(by@喻涛 1991)

超市的秘密

据说前苏联总统戈尔巴乔夫曾对资本主义世界的纷繁复杂感到不解:没有中央计划官员,谁来组织生产,谁能保证人们得到食物。如果把一个国家的经济活动想象成主庭主妇每天要处理的事务,确实够让人头疼。前苏联官方智囊机构有一大批专家,他们的任务就是制定生产和分配计划。尽管如此,还是免不了民众常年饥饿。很多人把前苏联时代的大饥荒归结到战争耗竭了国民财富。事实上在和平时期,前苏联经济和国民生活水平也是远远低于西方国家。相同的事情发生在中国身上。

和计划经济相反,市场经济没有中央决策者,所有的人都是各自为政,看起来运行得还不错——超级市场(supermaket)生动地说明了这种纷繁复杂背后的精妙。超市连接上下游,生产商、供货商、运输商、批发商和消费者,他们都是只为自己利益在活动。他们互相不认识,却能通力合作;很多人根本不知道自己的产品会流通到哪里。菜农只管种菜,收获后卖给采购商。至于这些蔬菜流入谁家菜篮,上了谁家餐桌,他根本不关心。这并不妨碍他的生产活动。所有人忙忙碌碌,一切秩序井然,不知不觉社会物质财富得到极大丰富。

据说俄罗斯总统叶利钦访问美国时,就被休斯顿一家小超市震住了。他很难想象,美国民众购物居然可以不用排队,超市里展示着仿佛是取之不竭的商品。美国普通民众的生活水平甚至比苏联高官还要好。据叶利钦的助手说,休斯顿的超市见闻瓦解了叶利钦最后一点的共产主义信仰。

不需要特别指导，陌生人之间也能合作生产，并且整个社会财富会随之增加。这是亚当·斯密在《国富论》里关于分工和贸易的好处讲过的。他没有细致地阐述这一切是如何运行。简单地说，价格起着至关重要的作用。

价格之形成，首先在于我们所生活的世界，手段和资源都是稀缺的。任何人想要耕种，就要放弃打猎；想把粮食出卖，就要放弃储藏和酿酒。鲁滨逊独居的孤岛世界里也有这种稀缺，却没有价格。因为他可以简单地在这些事情上做出取舍。社会生活则要复杂得多，这种取舍的衡量反映在货币上，就是价格。一个人放弃闲暇为他人工作，就会权衡工作辛苦和工资收入，怎样比较划算；他的雇主也在做相同盘算。双方的合意反映在货币上，就是劳动力价格。

供需关系是决定价格的唯一原因。供给不足，需求旺盛，则价格上升；供给充分，需求不足，则价格回落。价格信号可以告诉生产者和消费者物质稀缺的程度，指导生产者将资源用在最稀缺的领域进行生产，同时告诉消费者紧缩度日，把钱花在其他地方上。一个地区发生地震，损失严重，价格飙升就等于告诉全世界当地物质稀缺的程度。同样的，澳大利亚发生旱灾，牛奶供应减少，世界范围内奶粉价格上升，这等于告诉阿根廷奶农，是时候加大投入了。

在一个国家之内，价格指导着资源分配，刺激着企业家生产发明。在世界范围内，则是贸易的广泛开展。由于贸易范围扩大，很多领域的市场几乎囊括全球，企业生产规模和分工精细都达到前所未有的水平。我们所看到世界纷繁复杂的后果，都是无形的"价格之手"在发挥着作用。用马克思的话来说，"生产的无政府状态"真是再贴切不过了。

如果不是来自分散信息形成的价格，谁有这样的伟力呢？想象一下，这个世界上所有价格全部突然消失，情况会变成什么样？生产者不知要生产多少，要素如何调配更有效率，产品如何分配给有需求的人们，他们将以什么形式进行交换。这些一下子都陷入了黑暗状态。事实上这就是纯粹的计划经济了。马克思的共产主义是基于这样的设想：所有财产都是公有，生产者根据民众"需要"来生产，物质极大丰富。至于这一切如何做到，马克思没有在蓝图上勾勒细节。经济学家米塞斯在 1920 年代就已经提出，计划经济时代，由于没有私有财产，价格信号消失，生产将变得不可能，一个指挥经济运行的全能政府将应运而生。政府并不能捕捉市场上各要素的稀缺信息。他们往往会参照私有制运行（例如参照国外商品价格）。这种价格没有了刺激机制，一方面会造成普遍浪费，另一方面则是严重的短缺。

前苏联和中国的历史验证了这一点。理解价格机制和作用，有助于理解市场经济的运行。很多时候政府总是试图干预价格，甚至认为取消价格就能心想事成，这些都是计划经济在小范围的试验，照样要得到失败。

（by@菁城子）

保障快递安全　谁更专业

　　快递业是最近几年来中国发展最迅猛的行业。无数电动车小哥穿街走巷，游走在城市角落，传递着货物。这些货物超过一半来自淘宝——中国最大的网上交易平台，上面有遍及城乡的淘宝店主，孕育了无数的百万富翁。在他们背后，则是巨大的分工产业链。不过分地说，快递行业的繁荣是中国经济高速发展的缩影。

　　快递业偶尔让人不太放心。那些刚从农村走进城市的小哥，并不总是憨厚——有媒体曝出快递公司随意抛掷货物，还有盗窃。甚至有快递员趁着送货入户抢劫。真是让人不寒而栗。

　　话说回来，在这个陌生人流动范围如此广的行业，出现几个坏消息也再所难免。人们用行动支持着快递业，它的欣欣向荣证明了这一点。只要一声电话响，人们几乎是毫不迟疑地下楼取货——快递安全便捷的行业形象基本树立了起来。随着市场繁荣，快递员素质越来越高，这已是不争事实。

　　对快递业的不信任主要来自政府。这个行业太大、发展太快、流动性超强，几乎难以监管。尤其借助快递行业的犯罪，例如邮寄毒品、爆炸物，让政府头疼不已。邮政主管部门曾明令：快递公司必须对邮寄物品进行检查，才能收寄。

　　对快递行业有所了解的人都知道：一般快递员每天要收寄三五十个包裹，在货物寄出的集中区域（如中关村、华强北），快递员每天要收两百多个包裹。对这些包裹一一拆检是不现实的（这样会导致效率大大降低），也是没必要的（违禁品通常会严密包装）。政府命令到了快递行业这里,形同废纸。

快递行业有自己的规则。他们也厌恶违禁品,一来它对快递员的人身安全构成现实威胁;一旦出事,将招致政府惩罚和名誉败坏。快递公司原则上要求快递员收货检查,具体操作就灵活得多。从中关村的大批量出货,清点数量就可以了,包装贴胶带都很少由快递员完成;从家里、办公区或者老客户寄出也很少实名登记。从酒店、路边、娱乐场所送出的包裹,快递员则会要求拆检。快递员是接触违禁品的第一手,好的快递员通过包装、胶带缠绕,手上掂量,就能猜出一般是什么物品。快递公司也会过机扫描,如果发现违禁品,收货员会面临处罚。国外快递公司有个规矩:对于可能的危险品,必须实名登记并予保证,否则快递公司有权开箱检查并处理。这个规矩似乎已开始被国内快递公司吸收。

经过快递员和快递公司的过滤,部分违禁品会被挡在流通之外。这并非绝对——但是一定比政府强令的开箱检查更有效率。

政府为打击犯罪,经常性地抽检快递。据国家邮政监管部门统计,2010年查获通过快递渠道运输毒品327起,各类危险品1400余起。看起来似乎不错——当年我国每天快递数量就超过1000万件,全年超过30亿件包裹。邮寄毒品对公共安全没有现实危害,打击难度却非常高。爆炸物非常危险,不过很少发生——邮寄爆炸物进行犯罪,过程和结果不可控,几乎没有犯罪分子这么干。从现实统计看,快递爆炸的案例很罕见。看最近两年新闻,全国快递爆炸案只能查到个位数——相对于这个庞大产业,这算得上是十分安全的数字。

每一次快递爆炸案总会引发政府对这个行业管制的冲动。媒体和公众由于知识欠缺,总会依赖政府的"检查",甚至"实名制"。能起的作用有多大呢?几乎没有。可以肯定的是:如果全面落实政府的管制,行业效率会大大降低,它今天实现的繁荣将大打折扣。全国有很多地方尝试过"快递实名",大多无疾而终。最近广州地区要实行

"快递刷身份证",这又是政府的一次蠢蠢欲动。所谓的"打击犯罪"将被证明难以奏效,对行业打击却是实实在在的。刷身份证收寄快递,如何保证庞大的用户信息安全,这是一个巨大的难题。管制的逻辑是,政府管得越多,制造的麻烦越大。这句话恐怕又要得到应验。

（by@菁城子）

警惕反垄断法破坏市场

8月7日,发改委宣布了针对奶粉企业的反价格垄断调查结果,并决定对其中六家乳粉生产企业进行处罚,共处罚款6.6873亿元。据发改委反垄断局披露,奶粉企业限制转售价格的纵向垄断行为严重损害了消费者利益。

的确,常常能听到买奶粉的父母们抱怨奶粉价格太高。然而,别忘了,正是他们买奶粉的强烈需求形成了奶粉的高价。奶粉的价格是由供需决定的,这是基本的常识。生产商给零售商制定的价格,也得要消费者接受才行。

奶粉市场是个高度开放的市场,没有哪个品牌具有垄断支配地位,生产商要谋求暴利,消费者自会用钞票重新投票。哪家性价比不高,消费者可以买别家的。即便有一家奶粉企业的地位像微软之于操作系统,也不用担心。只要这个市场是开放的,他们随时要面临潜在进入者的竞争,一旦他们不讨好消费者,潜在竞争者就会伺机进入。

从私有财产权角度来看,生产商同零售商之间的所有协议,包括纵向垄断的协议,都是基于自愿的基础,没谁能强迫谁。奶粉生产商给零售商设定最低销售价格,否则就停止供货,这都是在自己财产权范围内的事。我的东西,我爱买给谁卖给谁,爱怎么卖怎么卖。相反,政府规定生产商不能这么做,这是在践踏生产商的财产权。

市场是一个过程,微软占据操作系统市场的绝大多数份额,是竞争的结果。微软不能强迫谁用它的系统,都是消费者自己花钱自愿选择的。当年,美国政府起诉微软垄断,微软差点被拆分,所幸最后没有。所谓的垄断,不过是市场竞争的结果罢了。微软能形成垄断,那是因为它能更好满足消费者的需求。如此市场竞争中形成的垄断,都是有效率的垄断,并不会损害消费者的利益。

政府反垄断,实际上就是要惩罚市场中能更好服务于消费者的优胜者,这是在与市场为敌。反垄断破坏市场的逻辑,取而代之以政府的逻辑,也就是强盗的逻辑。事实上,在西方发达国家,许多反垄断的案例,都是那些在竞争中失败的公司,起诉竞争优胜者垄断。

当然,有些垄断是有害的,那就是通过特权而不是市场形成的垄断。政府会设置准入门槛,使某些企业拥有特权,天怒人怨的行政垄断便是这样。这些垄断才是要反的,政府应该开放行政垄断领域的市场。令人遗憾的是,中国的反垄断法,对行政垄断给予了最大程度的豁免。

结论就是,中国的反垄断法,对于有害的行政垄断无能为力,却对无害的市场垄断瞎折腾。那么,应该警惕的就不是企业的垄断,而是反垄断法的严格执行。

（by@喻涛 1991）

电商大战是消费者的福音

这几天喧嚣的电商大战,可把消费者忙坏了,生怕错过实惠。在一些观察家眼中,电商大战变成忽悠消费者的口水战。对电商大战的另一个批评是,电商大战属于恶性竞争,破坏市场秩序,甚至直接呼吁政府插手管一管。

电商大战中消费者会被忽悠吗?观察家们自己不会被忽悠,智商不比他们低的消费者难道就会被忽悠?除非观察家们一直觉得消费者是蠢货。然而,一贯以消费者代言人自居的这帮人倒也未必敢表露出这样的倾向。

消费者选择购买商品,绝非只看价格不顾其他,消费者会考量除价格之外的其他因素,比如送货时间售后服务等。参与大战的各家电商,无非是要用更加吸引人的价格与服务,来讨好消费者。甭管参与大战的各家电商是否心怀鬼胎,拼得你死我活。这场竞争中,谁不讨好消费者,谁就是自取灭亡。

要是大战的电商仅仅只是虚张声势,怎么办?真要出现这样的情况,那他们也是在拿自己企业的声誉开玩笑,"煽风点火"的媒体可时刻盯着,每一双潜在消费者的眼睛也在盯着。事实上,互相竞争的电商就是彼此最好的监督者。

更值得一提的是,第三方的比价网站如惠惠网、什么值得买,监测各家电商的优惠活动以及价格,正是他们的主要工作,电商有啥猫腻难逃他们的法眼,他们发布的检测数据被很多媒体引用。这些比价网站都是市场中自发形成的,它们为消费者收集归纳各类电商的优惠活动,提供同一商品在各家电商的价格比对。

可见,电商大战中消费者不会轻易被忽悠。但"恶性竞争"是经常被提及的词汇。不少强势的企业经常莫名其妙被扣上这顶帽子。

某专家说:"企业家们只知道打价格战赢市场,消费者只以价格选商家,监管机构袖手旁观而传媒业火上浇油,导致的是一个唯利是图的丛林市场。"换成大白话,他们的意思是价格大战是恶性竞争,破坏正常的市场秩序。可是,消费者与电商你情我愿的事儿,怎么到专家的口里就成了恶性竞争了?或许他们担心一波又一波的电商大战,最终形成一家独大局面,产生垄断。可这样的垄断是通过市场竞争形成的,是每一个消费者用钞票选出来的,这与政府设置准入门槛的垄断完全是两回事。前者服务于消费者,后者损害消费者。后者的例子请参考中移动中石化中石油中……

1996年,由于地方政府大力扶持各地都生产彩电,造成彩电生产过剩。四川长虹率先宣布降价,随后 TCL 宣布降价,中国的彩电业就此打响了一场价格大战。最终结果是,彩电价格大幅降低并得到普及,而与此同时很多生产效率低下的彩电厂倒闭。这场彩电大战就是他们眼中的"恶性竞争"的典型。

价格大战,是非常的营销手段而已,竞争越惨烈,越有利于消费者。淘汰掉那些竞争力低的企业,最终留在市场的是那些能提供更低价格更高质量更好服务的企业。实际上电商们的价格大战是表面上能看到的,背后看不到的却是企业综合实力的竞争,比如融资能力、物流仓储成本、管理能力等等。

尽管有观察家们认为电商大战扰乱市场秩序、伤害市场经济,并呼吁政府积极介入。可是,消费者的选择似乎没有给他们面子,市场上每个人拿着自己的钱,谁也不是傻子。

(by@喻涛 1991)

纵向垄断不可怕

近日,中国第一例纵向垄断案在上海终审宣判,法院撤销了原审判决,判决被上诉人强生(上海)医疗器材有限公司、强生(中国)医疗器材有限公司向北京锐邦涌和科贸有限公司赔偿经济损失人民币53万元。

今年2月份,发改委曾对五粮液与茅台分别开出了数亿元的罚单,处罚理由也是纵向垄断。最近也有两个热门话题与纵向垄断有关,一个是奶粉企业涉嫌纵向垄断遭调查,另一个是媒体称进口车因为纵向垄断导致价格比外国高。

反垄断法的逻辑是,纵向垄断阻碍了市场竞争,破坏了市场秩序,抬高了商品价格,损害消费者利益。然而,商品的价格由供需关系所决定,无论中间环节如何变化。而纵向垄断,是说生产商影响下游的销售商,这真会损害消费者的利益吗?

无论是强生、奶粉企业还是进口车生产商,都面临着来自对手的竞争压力。市场竞争是一个过程,商家只有不断讨好消费者才能获利。竞争,就是比谁更能为消费者提供更好的服务。在一个开放的市场上,哪个商家敢"欺诈"消费者,就是在自寻死路。

那么,上游生产商为什么要为下游销售商制定最低售价或者固定价格呢?先来看如果不对销售商的售价进行限制,会发生什么情况。设想,你要买一辆汽车,先去一家4S店瞧瞧但不买,却去同品牌的价格更实惠的销售商那买,而这家更优惠的原因是提供的服务少。

售前售后服务做得好的销售商,商品的边际成本会高,相比那些不怎么做售前售后服务的销售商,完全处于竞争的劣势。如此下去,最终很可能出现的情况是,4S 店没有动力提供良好的售前售后服务了。没有了售前与售后服务,生产商的商品销量将减少,利润也会减少。

纵向垄断并不可怕,只是企业之间合约安排的一种方式。而反纵向垄断,是在破坏市场的自由合约,干扰价格信号。最终,为反垄断买单的可不只是企业,更有广大消费者。

（by@喻涛 1991）

内地药价为什么比香港高

香港药品便宜是最近财经新闻的热点。内地民众羡慕之余不免愤怒：为何内地药价那么贵？我在微博上问香港朋友，他说媒体做新闻，就爱吸引眼球。差价以万计的是治疗癌症的特效药，内地进口需要繁琐的审批手续。香港是自由港，药品进口方便，还有大量豁免于专利法案的印度药品涌入，价格自然就低。一般情况是，越贵药品，差价就越大，普通药品只是稍便宜，未见有令人咋舌的巨大差价。

这种说法符合我的判断。药价低源于供应充足；药价高，是因为供不应求。这是很简单的道理，可惜国内很多媒体忘了这样的常识，去"成本"上寻找病灶。最流行说法，香港医药流通没有中间环节的层层加码，销售链简单；内地药品从厂商到患者，要经过代理商、医药公司、分公司层层"盘剥"，再加上行贿、回扣，药价就增加。

这种思路是将结果当成原因。药价高源于医院"以药养医"。医院这么做是对医疗服务价格管制的变通。贿赂和回扣则是医药公司对药品加价限制的变通。它们的作用都是缓解医疗困境，而非相反。

我国医疗业是高度管制的行业，典型表现是公立医院处于垄断地位。和完全吃财政饭的事业单位不同，公立医院大多需要自负盈亏。"自负盈亏"同时受众多管制，例如诊疗服务价格管制（如挂号费统一收三五块钱），人事管制（医院负责人多为领导任命），薪资管制（医生护士薪资参照事业单位标准），加以人浮于事，效率低下的国企弊病，医院想不亏损都难。尤其薪资管制对医院伤害最大。医疗水平很大程度上决定于医师水平，而我国人力资源基本处于市场化状态。各大公立医院(包括私立医院)想争夺高水平医生,就必须持续盈利,出路只能靠"卖药"。

目前我国处方药占终端市场 80％以上,绝大多数由公立医院控制。既然诊疗收费受到管制,医生价值无法体现,他们就倾向用"高价药"获取补偿。据统计,三级医院药品收益占医院资金来源的50％,二级医院超过 60％,卫生院、社区服务机构甚至高达 70％以上。当医生开"高价药"被曝光,他们就会转向"乱开药",或者两者并行。

管住医生开药落空后,政府就将管制指向药品价格,最通行做法是采用"核准加价"。2006 年,发改委下发通知,"县及县以上医疗机构销售药品,要严格执行以购进价为基础,加价率不能超过 15％"。社科院专家朱恒鹏曾算过一笔账,市场上芦笋片采购价若为 15 元,医院最高加价 2.25 元,若把采购价提高到 185 元,合法加价可达 28元。医院再以返利回扣形式拿回 150 元,实际收益可达 170 多元。制药公司和医院都有强烈动机提高药价,再以"返利""回扣"的形式实现价格管制突破。

医院垄断用药,药品产商就要花费大气力讨好医院。这些任务落在了层层中间商身上:他们向医院推销,建立供应渠道,甚至跑关系和贿赂。这是销售环节的分工,并不能真正提高药价。2007 年发改委曾试行药品直销,遭到药商群起反对。可以想见,如果将医院和药商环节改为直销,中间网络取消,药品进入医药将更加困难。

医院对医生收回扣姑息默认,直接原因是它化解了医生薪资管制。好医生受追捧,治病开药机会多,收回扣的机会就多。那些庸庸碌碌的医生则机会少一些。这是突破了大锅饭的"绩效激励",利于留住人才,院方通常不会深究。在医疗资源短缺的当下,几乎所有医务人员都会获得灰色收入。2013 年 7 月份,漳州市纪委查处医生腐败案件,该市 73 家医院涉案,涉及全市 1088 名医务人员和 133 名行政管理人员,主要案情都是吃回扣。作家连岳评论道:"多查几次,坚持查几年，漳州的医院就不会有医生了。"

　　了解中国医药现状再看香港药价，就会明白决定药价的真正因素。香港药价便宜的原因是几乎无关税，进口方便，私人药店发达，这些都是值得内地学习的。香港也存在公立医院过多，效率低下，排队等医的"欧洲病"，这是值得警惕的。中国医疗事业应沿着放开管制、破除公立医院垄断、深化市场化改革的方向前进。在这次香港药价大讨论中，我看到有人提议仿效香港，由政府药管局统一采购分配。真是令人不寒而栗的建议。在医药领域搞"集体公社"，将会制造更大的麻烦。相信官员，还是相信商人，答案难道不是很明确吗？

（by@菁城子）

市场如何保护珍稀动物

　　陆川电影《可可西里》讲的是高原上两拨人为羚羊流血死命的故事。他们都是穷人,盗猎者猎杀羚羊获利,巡山队为保护它们奔波冒险。前者是犯罪分子,后者是英雄。无论评价如何,事情本身是悲剧性的,因为动物价值被置于人的价值(生命和财产)之上。

　　一方面是野生动物保护,另一方面是人的生存现实。指责后者贪婪冷酷是没有说服力的,人类生存发展是一部自然征服史,捕杀动物基本是常态。市场需求又很难消灭,每一次严厉打击盗猎,动物制品价格就会暴涨,这刺激着捕猎者发起更疯狂的猎杀。2006年中国减少从非洲进口象牙的配额,一时间形成抢购象牙高潮,黑市价格暴涨,非洲象被猎杀得更多了。

　　政府列出动物保护目录,对擅自捕杀者处以重刑,这是最通行的做法。很长一段时间里,捕杀珍稀野生动物,贩卖它们的皮毛制品,最高要面临死刑惩罚。他们绝大多数都是农民,有些对"动物保护"一无所知,莫名其妙就进了监房。

　　划出自然保护区经常不管用。野生动物会干扰人类生活,有时还会制造损失。在陕西、浙江、江西一些地区,野兔和野猪(国家二级保护动物)经常闯入农田,大肆破坏。愤怒的农民不能猎杀它们,只得要求国家赔偿。在藏区,发情的野牛经常闯入牧区,狼、棕熊会跑到牧场掠食,野兔、岩羊会破坏草场。牧民们有苦难言,哪有什么动力帮助政府防盗猎——可能他们就是狩猎者。牧民的草场总是满负荷承载,野生动物的生存空间不停被挤压。对它们而言,这是比捕猎更厉害的生存威胁。

除了严刑峻法，有无方法使人类需求和动物种群之间的关系延续变和谐呢？

不妨参考人类畜养的牛羊。虽然人类对它们需求如此之大，这些动物恐怕永无灭绝之虞。核心就在于产权，畜养是确立产权最古老也是最有效的办法。现在各地有黑熊、梅花鹿、养殖基地，它们极大满足了人们需求。养殖推广使产品价格大幅降低，真正生存在野外的珍稀动物也变得安全得多。因为行业利润降低，狩猎成本比养殖高，市场上对"野生"有偏好的人实际很少，野外捕猎会大大减少。当然，目前管制还非常严厉，珍稀动物养殖都要受层层审批，贩卖也受严格控制，这些都不利于对野生动物保护。

对一时难驯养的动物，建立狩猎场被证明是有效的保护方法。藏羚羊、岩羊、野驴、野猪这类活动区域大的动物，防范盗猎的成本很高，效果也不好。当地民众受动物骚扰和经济诱惑，对动物保护基本没有兴趣。建立狩猎场能将资源价值最大化，为动物保护提供资金。运动狩猎是国际上的传统运动，也被引为保护野生动物的一种方法。2006年中国的一次狩猎拍卖，猎杀一头野牦牛4万美元，一只盘羊为1万美元，最常见的狼也要200美元。有狩猎需求的通常是富人，他们愿意付高价体验刺激冒险的野外活动。狩猎并不意味着滥杀，猎物数量被严格限制，通常只针对病弱、雄性动物，有错杀滥杀虐杀要被处以高额罚款。野生动物种群数量通常有数万，有计划地狩猎不会影响其种群繁衍，带来的经济效益却是可观的。这些资金可以补偿农牧民退耕退牧和牲畜损失，雇佣看护员监测野生动物的生存状况。

最近几年，中国狩猎场普遍陷入经营困境。究其原因，大抵有两个：在环保主义压力下，狩猎被严格限制，外国人申请狩猎几乎不被批准；猎场是政府所有，从国家林业局到省县市，收益被层层截流，归猎场所得资金不足收益的10%。这些资金不足以应付庞大开支，当地农牧民也很难获得好处。国营猎场年年亏损,盗猎现象时有发生,珍稀野生动物的种群越来越少。如何将国营猎场私有化,卖给专业旅游狩猎公司,成为狩猎保护珍稀动物的出路。

　　建立狩猎场的本质和驯养野生动物一样,都是确立产权。保护的形式也可能是观光、旅游和科学研究。市场上旺盛的需求并不可怕,需求越强烈,动物的价值越大,他们越能得到妥善保护。盗猎者就变成了侵犯私有产权的盗窃犯。政府应当因势利导,尊重市场,让动物保护和个人利益相结合,它们才能真正获得安全。一味地诉诸禁令和刑罚,只能在动物和人身上制造悲剧。

（by@菁城子）

人人都爱看广告

　　我的一位朋友喜欢看综艺节目,向我眉飞色舞谈论精彩节目之余,不免抱怨广告的泛滥成灾。无论是片头还是片尾,中间的插播,广告总是让人不胜其烦。主持人每讲一段话总要念叨大段广告词,提示节目赞助商。朋友说她受够了。可惜,她实在舍不得好节目。有时生怕错过几分钟,也要耐着性子把广告看完。我提醒她,没有这些"讨厌"的广告,好节目是制作不出来。她接受这话的道理,但还是抱怨电视广告过度,给观众带来负担。

　　这种抱怨非常普遍。2012年广电总局下发通知,禁止所有电视剧插播广告,一时间上下拍手称快。不久人们就发现,插播广告是没有了,电视剧前后的广告时间却延长不少。管制再要深化,恐怕就要规定节目单了。这当然是不可行的。可见作为经济现象,广告不能被随意地消灭。消费者嘴上称厌恶,实际上还算能容忍。如果节目过分地插播广告,影响观看体验,收视率就会下降;如果广告制作恶劣,想招徕美誉却引来骂名。在市场竞争中,消费者的选择是有力量的。高收视率的节目和高额的广告费,全拜消费者所赐。他们乐意为好节目付费。

　　广告使得节目制作摆脱了政府经费的控制,为商人服务消费者开辟了新的渠道。现代人几乎都可以免费地收看电视。很多人会说,那又怎么样,付费都摊到商品价格里了。言下之意,广告推高了商品价格。从一些现象看,似乎如此。大公司在广告费上一掷千金,明星代言往往要拿掉它们几个月的利润。经常有学者呼吁停止广告大战,不将成本浪费在明星上,消费者就不必付出额外负担了。

商人们真是在白白烧钱,徒然让消费者承担社会浪费吗?

稍有点商业常识的人都知道这是胡说。广告让消费者获利。首先是它减少挑选的成本。有能力大做广告的公司,通常实力雄厚,产品优秀,信誉卓著。消费者只要记住牌子,就不必在纷繁复杂的产品上作对比。其次,广告扩大产品销路,帮助降低成本。其中的奥秘就是"规模效应"。一个行业如果市场狭小,原材料生产和专业分工往往发育不足。只有扩大市场,流水线和批发买卖才变得可能。广告费也是生产要素,它帮助企业扩大规模,降低单个成本。企业将广告做得铺天盖地,产品价格却一降再降,这在市场上非常多见。明星在提高产品知名度和美誉度方面影响巨大,收入自然可观。通过广告,企业、明星和消费者实现了共赢。

也有人指出,像可口可乐这样的公司,他们已经具有市场支配能力,再怎么做广告,消费人群已非常稳定。每年花费巨额资金做广告(广告费是可口可乐公司最大的经营性支出),岂不是纯属浪费?其实,大公司每年投放巨量广告,正说明市场的不确定性。公司都是从小到大做起来的,大公司深谙此理,他们会坚持不懈地保持竞争力。品牌塑造要日积月累,做广告越多的公司,在产品上更不敢掉以轻心。一旦出现事故,它的广泛知名度就会从价值变成噩梦,销路一落千丈。从这个意义上说,广告相当于企业的担保单,担保着它的产品质量和责任。这也是人们愿意选择大品牌产品的原因。

(by@菁城子)

天气预报也可以由市场提供吗

　　天气灾害是人类生活面临的最主要威胁之一。减少自然灾害带来的损失通常被认为是政府的责任。在古代，如果风调雨顺，海晏河清，则是太平盛世之景象；如果出现大面积灾殃，肯定是统治者暴虐引起上天的震怒。这里面包含着巫术，所谓"天人合一"就是其中的一种说法。

　　现代政府也继承了这种巫术，他们也承受气象灾害带来的责难。不是因为"天命所系"，而是政府被认为有义务保护民众免于灾害。说通俗点，就是政府应提前告诉民众刮风下雨，遇灾时要排险排难，灾后要负责补救。姑且不说后面两项，单单是气象预报，很多人认为是政府不可推卸的责任。按我国法律规定，气象预报的发布专属于政府，私人禁止发布。

　　且不说政府垄断天气发布是否合理，单看它的效果，恐怕很难令人满意。

　　听听当下天气预报，播音员通常说话模糊，语焉不详。他总是不停暗示，气象预报具有很大的不确定性，受众权且听听。一方面是技术原因，气象阴晴的确很难判定。另一方面是缺乏激励。气象预报存在或然率的问题，如果预报准确，官员很难获得奖赏（在民众眼中，气象局预报准确责无旁贷）；如果预报不准，他们的无能就暴露得十分明显，难免受责难。在这样的机制下，气象官员自然倾向于采用模糊话语对付。即便出现错误，一般人也不太在意。

　　如果面临的天气十分确定，气象局的反应是什么？通常他们会夸大灾害性。政府被寄予厚望，官员也自认应对损失负责。气象局会渲染灾害的恐怖，好使民众听从官员指令行事；如果损失过大，咎责在天，官员并不承担多大责任。对于台风、暴雨和干旱，天气预报总是夸大其辞称"百年不遇"，并非没有动机。

2012年7月21日北京地区下了一场暴雨，街市成为泽国，数十人丧生。暴雨引起的周边地区山洪造成了更大损失。气象局对暴雨并非毫无预见，只是它无法料判雨势如此凶猛，持续时间如此之长，因此播报时并没有特别提示。绝大多数人像往常一样，对预报漫不经心，在音乐和播音员的闲谈中错过了避灾机会。

暴雨过后五天，7月26日，天气预报播出北京又将迎来暴雨。气象台发出蓝色警告，电视、广播和网络滚动提示。学校和很多公司都提前下班。官员走访小区，巡查街道，抢险人员随时待命。暴雨没有如期而至，全城折腾近乎一场闹剧。此前谴责政府"公共不作为"的人没有声音，在他们眼中，政府反应过度，对民众"关切至深"是值得赞许，总比无所作为要好。他们并不关心"过度关心"所造成哪些不必要的损失。

政府对气象灾害"过度反应"很常见。在美国夏季，飓风登陆后州政府紧急疏散，甚至有权将滞留人员强行带离。政府疏散带来的忙乱损失，和飓风带来的损失相比，哪一点更为严重，恐怕真不好说。

政府发布气象预报失准，这是无法监督的。天气预报本来就存在或然率，归咎于技术问题太容易了。如果天气发布准确，并启动紧急程序，成本考量却很难判定（其中包括对自由的侵犯）。正如全国上下众多地震局，气象局缺乏有效激励机制，也没有成本核算，官员效率低下，耗费公帑，徒增民众负担。

天气预报却是实实在在的需求，政府做不好，由谁来承担呢？有什么样的机制能提高防灾避险的效率？答案是市场中的企业。

气象成灾通常不是面对所有人，而是面向那些对气象敏感的产业和人群。例如农业、工业物料乃至驾驶者、旅游者。他们有强烈需求了解准确的气象信息。在市场中,能为他们高效服务的是保险公司。保险公司是直接和"灾害"打交道的,或者说,他们就是赌灾害的或然率。对于天气、灾害、风险,他们有强烈的动机对气象进分析,预警,同时具有丰富的经验。如果保险公司高估风险,向投保人收取过高保费,那将被证明是缺乏效率的,其他效率更高的保险公司将把它逐出市场。如果低估了风险,那么意外的索赔也将令它付出代价。在这样的竞争机制下,保险公司的提示成了社会生活中非常有价值的提示。

　　一般性的气象预报,市场上有动机提供这项服务的人很多。码头渔船、物业农场、售卖商场、报刊广播、银行企业,众多人群的人都有动机提供这项服务。如果允许自由发布,甚至将这种信息作为定制收费服务,必将有优质信息源在长期竞争中取胜。现今法律规定,企业和个人不得随意发布气象信息,这显然扼杀了很多良好服务。有些人认为,气象服务属于公共信息,随意发布将导致混乱。这是信息封闭后的想象。在信息开放的社会,你会相信路边占卜看天的算卦师吗? 我想不太可能。即便有人买卦问天,也是个人自负,如何导致混乱呢。

　　谁能准确发布信息,获得信誉,甚至通过气象预报帮助别人避险,赚取金钱,谁就能在市场上取胜。现下的格局是,私人的气象发布被禁止,气象局却能通过售卖气象信息大发其财。这是社会生活中不常被注意的"资源垄断"。应该允许企业和个人自由监测天气,购买和发布信息。政府应允许企业参与气象卫星发射,最终实现气象卫星的全部商业化运行。气象预报市场化能提高预报效率,不依赖于官员管理,通过分工协作的市场机制,民间能更有效地防范灾害。同时还可以削减体制内的寄生官僚,缩小政府权力,减轻民众负担。

（by@菁城子）

废除食盐专卖制度势在必行

最近几天,淘宝所有网店售卖的食盐纷纷下架。这条"禁盐令"的出处是杭州市(淘宝总部所在地)盐务局。面对记者采访,杭州盐务局官员的说法是,为规范盐业市场,打击非法制售私盐的行为。这位官员称,"很多小作坊,两三个人做盐,通过网络销售。食盐的安全性无法保证,造成一定社会危害",同时他还承认部分网商其实有实体店铺和食盐零售许可证,只是销售渠道出了问题——网上食盐售卖违反了"区域划分"的专卖制度。

这就是最近几日关于"禁盐令"的解答。按照国务院 20 世纪 90 年代颁布的《盐业管理条例》《食盐专营办法》两项法规,杭州盐务局的整顿行动确无不妥。不过,地方盐官一纸公文,突然间搅得盐市骚动,店家避让,盐务局要维护的什么样的利益格局,现行中国实行的食盐专卖制度是否存在问题,这些都是值得探究的。

现行中国盐业继承了千年的官营传统,实行专卖制。中央政府设部门(工信部消费品司盐业办)主管盐业生产,发改委经贸流通负责食盐的调配和定价。地方盐业公司和盐业局一般是一个单位、两块牌子,盐业公司总经理通常兼任盐业局长。盐业公司(盐业局)既主管盐业生产,又根据发改委的指令和方案调配盐量,制定批发价格,同时向地方发放食盐生产和销售许可证。食盐的生产、批发和运输全部实行许可证管理,零售价由地方物价局制定。

这是一个典型的官办垄断行业,生产流通的动力不是源于市场的反应,而是来自于官僚部门的指令。官办盐业公司(盐业局)控制了食盐的生产和批发价格,使盐业也能成暴利行业。据行业分析,制盐企业出售给盐业公司的价格,通常只有每吨四五百元,盐业公司加碘二三十元,批发价就达到每吨 2000 元左右,市面零售价通常为 500 克约 1.5 元,其间的价差和利润十分丰厚。因此,盐业公司和上下游制盐企业、批发商之间的矛盾十分突出,盐业公司拖欠盐款,吃拿卡要的现象十分严重。盐企受制于盐业公司,长期利润微博,生产工艺无法改进,以致使中国食盐工艺落后于发达国家二三十年。由于价格被长期限制,缺乏市场激励,地方盐企规模通常都很小,和欧美国家规模庞大、技术先进的制盐企业相比,落后不少。

盐业公司的专卖垄断阻碍了行业自身的健康发展,使中国民众吃盐的成本高于其他国家。由于制盐成本价格和消费价格之间的巨大落差,很多盐商就绕开盐业公司拿盐,这就是通常所说的“私盐贩”。为躲避政府打击,私盐的生产和运输条件通常较为简陋,这也成为盐业公司攻击的口实。

中国盐业专卖实行“割地而治”,网上卖盐则冲击了这一体制。中国盐业协会在官网上表示,“对于无证运输盐产品,是可以追究盐业行政责任的。违法快递盐产品的行为也应依法追究。”很显然,他们感受到了来自自由市场的蔑视。

现代的食盐专卖制度很少引起民众关注,大概是现今食盐产量巨大,盐价相对低廉(和外国相比中国仍属高盐价),很多人不以为然。甚至很多人还在坚持着陈腐的观念,认为食盐是特殊商品,应由国家垄断经营。

这些观念当然是错误的。正是由于食盐是民众生活需求最基本的物资,所以更应该交给市场。利润是刺激企业家最好的动力,不同地方的价格差异指导着商人将食盐贩运到各地,扩大市场,形成规模效应,同时使得生产者获得更大利益。全国不同地区的食盐生产基地会竞相逐利,受益的将是消费者。相反,如果利出官府,生产者就缺乏动力去增加生产,促进流通,市面上的食盐也将越来越匮乏。中国古代隋唐时期,盐业是自由贩卖不征税的,那段时期也成了百姓最便宜的时期。随后唐朝大搞官盐制度,天下盐价陡然上涨了三十多倍。可见官盐制度除了方便政府食利,还剩阻碍盐业发展,让民众吃苦头。

支持食盐专卖的另一个理由通常是碘添加。这不只是食品安全问题,更是技术工艺问题。私营企业更有能力和动力去提高食盐质量,丰富食盐品种。相反,政府盐业公司统一分配的"碘盐"所依据的是陈旧数据和行政命令,往往滞后于现实,以至后来发生"补碘过量"的质疑。相反,市场经济情况下私营企业则灵敏得多,他们能最大限度地满足各类补碘需求。至于碘盐添加问题,没有理由认为,私营企业会比国营盐业公司无能。

作为古代专制和近代计划经济的遗留,食盐专卖是一个标本式的存在。相对于石油通讯等垄断行业,食盐行业的规模几乎可以忽略不计;相对于肥得流油的巨型垄断企业,各地的盐业公司简直是清水衙门。就是这么一个角色,全国上下寄生着数以万计的盐业官员,一发令箭就能使无数商人遭秧,可见瘦老虎也会吃人,改革不应留死角,废除食盐专卖制度已势在必行了。

(by@菁城子)

肯德基的鸡腿应该卖多少钱

每隔一段时间就会有记者曝光肯德基麦当劳的"暴利":汉堡成本价才两元要卖到八元,薯条成本价一块要卖到四块。记者煞有介事地计算利润率,稍微有点脑子的人都会晒笑:租金、水电、人工、广告和税费,哪一样不是成本? 那么肯德基的鸡腿卖多少钱才合理呢?不知道。反正有人买就是合理了。

不必嘲笑这些小儿科的错误,这种笑话每天都在新闻界上演。有的曝光眼镜成本价,有的曝光假牙成本价,有的曝光苹果手机成本价,有的曝光药品成本价,还有的曝光住房开发商成本价。揭露成本价格,无一不是指向商人"暴利"——好像这个世界的钱真那么好赚,到处都是暴利。在百度上搜索"成本价"和"暴利"词组,你可以看到记者如何展示他们对经济学和世事的无知。

一件商品的价格多少才算合理,是根据成本算出来的吗?

答案是否定的。商品价格是基于供求关系。一栋豪华精装修的房子,连续发生不吉的死亡事件,被传为"凶宅"引起恐慌,价格可能会暴跌甚至无人过问。和它相邻两条街的小平房,简易装修,也可能卖得比它还高。成本并不能决定价格。

正是由于价格决定于供求,生产者才会努力提高产品质量和美誉度,增加其稀缺性,提高价格;同时尽力降低成本,以期赚取更多利润。企业家们总在寻求资源配置不够有效率的领域,通过价差谋利。超出成本的价格(利润),是对企业家的奖赏。

有人指责企业家利用消费者的"信息不对称"赚钱。可是那又怎么样？世界上所有的交易都是因为信息不对称。双方都认为自己得利，交易才能完成。即便双方对商品生产过程的每一细节清清楚楚，他们也可能交易——价值认可不同，这也是"信息不对称"。

肯德基的鸡腿该卖多少钱？即使要价比熊掌还贵，有人愿意买，也没有任何问题。不过，只要不把生意闹着玩，它就不会随意定价。太高了没人光顾，太低了赚得少，或者收不回成本，竞争对手也在边上虎视眈眈。定价策略是基于商家对消费者需求的判定。具体多少，那是它的事情，我们无从知道。

在新兴领域，高利润率会吸引其他要素进入，降低其边际利润。一般趋势是，行业越来越庞大，市场越来越成熟，维持高利润率会变得越来越难。价格就是起着信号指导的作用。如果某个行业长期维持着很高的利润率，一定是竞争机制发生问题。这种情形通常出现在国企和行业管制，也就是说：市场供给被卡住了。

理解商品的定价原理，有助于我们破除对商人的谬见。商家定价，高了是奖励，低了有惩罚，这些都是再自然不过的市场现象。那些认为商品价格应该是"成本加合理利润"的人，忽视了商家的贡献和奖励，也忽视了市场的动态性。从心理上说，这些人通常是不熟悉商业而形成对利润的仇视。在他们看来，利润即便有合理之处，也应该"适可而止"，否则就是过于贪婪。他们的错误知识一旦形成舆论，往往会招来政府对经济的干预。干预价格是最常见的，因为它能在短时间内满足这些"红眼病"患者的不满情绪。

（by@菁城子）

价格控制的商业逻辑

国家发改委近期对合生元、多美滋、美赞臣、惠氏、雅培等进口奶粉进行调查。根据他们掌握的证据,这些企业以罚款、扣除返利、停止供货等惩罚形式控制经销商售价。按照《反垄断法》规定,这种纵向价格控制确实可以认定为垄断(第十四条)。不过,经济学界对这条法律有不同看法。

纵向价格控制在商业实践中很常见。汽车行业的生产商长期对销售商实行最低限价,如果经销商擅自降价,生产商就会停止供应维修零件,扣除返点。医疗器械领域强生公司就曾要求经销商停止向第三人低价销售产品,为此引来反垄断诉讼。今年白酒价格大跌,茅台和五粮液对擅自降价的经销商进行罚款,招致发改委巨额罚单。《反垄断法》干预这类商业合同,真的能起到"保护消费者"目的吗,纵向价格控制的商业逻辑是什么呢?

商品生产者将产品批发给零售商,通常不理会零售商以何种价格出售,可能还会鼓励打折促销。毕竟,零售商之间竞争越激烈,价格杀得越低,产品销路就越大,生产商乐见其成。这时候,生产商和销售商的利益是一致的。

如果商品是高端品牌,情形就不太一样。经销商的利益最大化,是在合约期内将产品卖出去。尤其发生积货,周转困难,降价促销是最好的选择。降价可能会损害品牌形象,经销商并不关心这些。真正关心商品长期品牌价值的是生产商。例如茅台酒非常注重它的高端档次,降价会拉低它和中端酒的距离,不利其长期品牌塑造。生产商为了防范这种风险，就会主张签订限价协议。从长期看，品牌价值对于消费者的重要性，自不待言。

生产商限价，除了抑制品牌减损，还可能还出于其他目的。商品销售不只是一手交钱，一手交货，还包括推销、介绍、售后服务的过程。一位籍籍无名的商家想大展鸿图，低价格往往没有优势，只能借助推销。他和销售商达成价格控制协议，销售商无法靠杀价售卖，只能通过大做广告，介绍产品质量，提供售后服务。这有利于消费者熟知产品特性，让高品质商品在售卖过程中脱颖而出。经济学家张五常曾写文章提到这种"示范假说"。他说，吸尘器制造商通常会要求零售商以较高的零售价出售，不得随意降价。零售商只好在销售时充分示范，细夸好处，卖力推销。这种"最高限价"是将竞争转移到另一战场，对消费者也是有利的。

反垄断法自产生以来争议不断，根本原因是它对商业逻辑的无知，执行起来分外困难。法律禁止生产商对零售商价格约束，为规避法律，商家会约定不转移商品所有权，例如"代售""寄售"。既然是"代售"，生产商当然可以决定销售价格。早在美国反垄断法诞生之初，大法官霍姆斯就指出这种管制的自欺欺人。他说："要是被告在法律上和名义上都让零售商成为它的代理，那么哪怕是热衷搞价格管制的人，也都不得不承认被告只是在行使自己的权利。"很显然，反垄断法让生产商和零售商之间的交易费用变高了。

2007年，美国最高法院判决认定了一个纵向价格控制的案件不构成垄断。一个生产女性时尚饰品的公司规定经销商售价不能低于最低价格。一家零售商拒不执行厂商的价格政策，被停止供货。零售商将其告上法庭，指控厂商的价格控制违反了反托拉斯法。在这份判决中，代表多数意见的肯尼迪大法官发表观点：经济学文献表明，价格控制可能是有利于促进竞争，尤其是品牌竞争。法官们没有合理的解释认定生产商妨碍了竞争。这个判决推翻了适用一百多年的"本身原则"（只认定行为，不认定效果），开始适用"合理原则"。经过经济学家多年努力,美国法学界已开始对反垄断法进行反思。

中国适用《反垄断法》对进口奶粉涨价进行惩罚,在学理上是值得推敲的。任何经济法的制定,应该深谙背后的经济规律和商业逻辑,否则就会干预商业自由,掩盖真实的问题。进口奶粉涨价的根本原因是国产奶粉的全面溃败。由于进口限制和高关税,国内对进口奶粉形成强烈需求。正确的做法是放开管制,让中国婴幼儿能享受更多更好的进口奶粉。指控洋奶粉"垄断"只是在转移视线,嫁祸于人。

(by@菁城子)

商业厕所的奇迹

公共厕所应该由谁提供？很多人会不假思索地说，当然是由政府免费提供。公共厕所服务市民，属于市政工程，毫无疑问应当是政府职责。然而，公共厕所在全世界的通病都是"脏、乱、差"。发展中国家的公共厕所就不必说了，污水横流，臭气薰天还算是好的，最怕的是常找不到厕所。发达国家的情况稍微好一些，但是也不能让人满意。免费公厕的卫生状况总比酒店、咖啡屋这些消费场所的厕所差得多。流浪汉、瘾君子、小流氓、性交易者总是盘踞其间，让人十分难堪。

每遇此类情形，就会有人站出来指责政府失职——不是建设"服务型政府"嘛，市民逛街连厕所都找不着；不是大笔的资金投入嘛，怎么还是脏乱差？官僚们的托词永远是：投入不够，市民素质低。他们开出的药方永远是：加大投入，加大宣传教育。情形少有改观。即便这一切问题解决了，官员们也不敢公开财务数据——巨额的资金投入和生活中糟糕的体验形成反差，足以让市民咒骂一阵子。

政府在免费公厕上吃力不讨好，这不过是众多低效率市政工程的一项。由于政府长期包揽公厕服务，脏乱差的情形差不多从第一天就存在，很多人形成固化的印象。他们没有想过，如果把公共厕所当成普通的服务交给私人企业去做，情形会大大改善。

德国瓦尔公司是这个领域的杰出典范。像其他国家一样，建造公厕也被认为是政府的一项"职责"，但是德国公厕基本上采用市场运作模式，政府只作协调。德国法律对城市里的公厕密度作了粗泛的规定,而在地点、数量和设施标准方面就交给调查公司完成。调查公司从上万市民中搜集意见,整合方案,交给市政当局表决,选择最优的方案。

方案一旦落实,就通过竞拍将经营权承包出去。企业先缴纳一笔租金,承诺提供达到服务标准,再通过公厕赢利。厕所服务是一个成本颇高,收益微薄的行业。行业内计算,按每人每次收费0.5欧元的高价(接近人民币5元)经营柏林的所有公厕,亏损额将达到100万欧元。

其实这些数据是基于政府公厕的人流量和成本投入,不足以反映公厕市场的盈利能力。况且政府经营的公厕还有很多盈利点没有开发,瓦尔厕所公司看准这个机会,以提供免费公共厕所为承诺,在缺少竞争,只需交纳低廉管理费的情况下,一举拿下全柏林的公厕经营权。

私人公司提供免费厕所?没有多少人看好他们的前景。既然是企业,赚钱肯定是第一要务,瓦尔厕所公司的盈利点显然不在厕所门口的投币口上。他们最大的收入来源是广告。

瓦尔公司联系了许多著名的大企业(包括苹果、诺基亚、夏奈尔、派克等著名品牌)在厕所上打广告(没错,这些广告确实是打在厕所的外墙上)。不过这些厕所的外墙制作得十分精致美观,和城市灯箱没什么区别。加之瓦尔公司的墙体费用比一般广告公司低得多,这些企业当然乐意考虑。瓦尔公司不单在厕所外墙做广告,还将内部的摆设和墙体也作为广告载体。考虑到德国人如厕时有阅读的习惯,他们甚至将广告印在手纸上。广告收入是瓦尔厕所最大的盈利点,在柏林、法兰克福等5个城市,瓦尔公司就获得超过3000万欧元的广告收入。

此外,瓦尔公司的厕所内安置了公用电话,瓦尔公司可以向通信运营商获取一定的提成。虽然数额不大,但是着实提高了如厕者的体验,大大提高了广告载体的租金。

当然，瓦尔公司也提供付费厕所。他们修建一些高档厕所提供诸如个人护理、婴儿尿布、擦拭皮鞋、后背按摩、听音乐、阅读文学作品等服务。虽然数量不如免费厕所那样多，还是满足了部分人的特殊需要，提高了瓦尔的声誉。

　　至于成本的控制，瓦尔公司自己成立清洁团队，派出管理车巡查。由于几乎所有的厕所都安装自动清洁装置，实际清洁工并不多。依靠一系列的精打细算，瓦尔公司很快就获得了成功。根据中国记者2003年的一个报道，德国瓦尔公司1990年的收入是988万欧元，到2002年时达到8827万欧元，2003年经营收入估计将达到1.6亿欧元。瓦尔公司的业务也跨出德国，在美国和土耳其等国建立了18家分公司，员工也从1990年的71人增加到560人。

　　更重要的是，在这个过程中德国人体验到了一种实实在在的好处：他们没有掏出税金交给低效率的官僚，不用再听喋喋不休的抱怨，就能享受到良好的服务。

　　瓦尔公司的奇迹是市场的奇迹。说起来并无奇妙之处：自古以来，人们都为自己的衣食住行和吃喝拉撒负责，不曾求助于一个万能的政府。近世秉持"责任""公共服务"理念的大政府大包大揽，像保姆一样呵护着缺乏自理能力的婴孩，只让情况变得非常糟糕。厕所的市场化告诉人们，吃喝拉撒是自己的事情，和上餐馆没有本质区别。与其交给政府，不如交给企业。企业需要讨好顾客，还要尽可能地节约成本，他们的才能是官僚永远比不上的。

（by@菁城子）

商场不是战场

词意混淆经常困扰着人们对世界的理解——比如经济领域的战争词汇。听到"经济侵略"这个词，很多人第一反应是：你死我活。外国商品在中国热销就曾引起这样的争议。抵制者忽略了：这些"侵略"是建立在自愿基础上，它有别于暴力、厮杀、强迫的原意。商品"入侵"的前提是人们愿意用真金白银去交换。在经济领域竖起民族大旗，号召"保卫民族品牌"的人是非常低级的，他把人们的购买描述成了沦陷。

文化领域也是这类词语的泛滥区。肯德基、麦当劳在全世界广受欢迎，却被文化界称为垃圾食品，说它"消灭"当地美食文化。在法国、意大利这样的传统美食国家，反对"麦当劳霸权"很容易获得同情。事实上，美国快餐在欧洲受欢迎的程度并不逊于世界其他地区。所谓"麦当劳霸权"只是它能更好更有效率地提供服务。热衷本国文化保护的法国经常谴责好莱坞"文化霸权"，政府为此设立专项基金对国产电影补贴，以维持电影界"生态多样性"。看起来温情脉脉，可惜真正的霸权并非来自好莱坞，而是法国政府。政府用权力掠夺民财补贴电影业，还禁止法国人自由观影，这才是真霸道。

商业竞争经常有"价格大战"说法，这只是比喻。商家是在使尽浑身解数讨好消费者，"价格大战"越惨烈，消费者越能获利。因为落败商家的财富并没有消失，而是发生了转移，转移到成功者手中和更有效率的领域。政府却经常把激烈的市场行为扣上"恶性竞争"帽子，以此维持表面的和平。这种和平通常只是管制下的垄断——例如中国电信行业就没有"恶性竞争"。

　　成功的企业家经常被冠以不合适的头衔——经济帝国的主宰、商业版图的国王,如果他的性格像乔布斯一样专断,还可能被称为独裁者。工业社会以来,资本领域诞生了无数的钢铁大王、汽车帝国、手机版图。用统治者的名号称呼企业家,很难说得上是赞美。一些人是出于措辞上的偷懒,很多人则认为企业家握有权力,并对他们加以仇视。如果企业家真有权力,他就可以用暴力强迫消费者服从——事实上没人敢这么做。"商业帝国"和征服者的版图完全不同:前者是通过自愿组织生产,源源不断地生产商品来服务民众的;后者是靠着征税和奴役才得以维持。"商业帝国"是建立在消费者选择之上,一旦消费者移情别恋,"帝国"很快就烟消云散。

　　只有满脑子零和思维的人,才会在商业领域大量地使用战争词汇,把贸易视为霸权,把竞争视为战争,把就业视为剥削,把选择视为沦陷,把企业家视为掌权者。如果说说而已,最多算是词汇贫乏,语意混淆。如果当真并据此传播,则会影响人们对真实世界的看法。树立正确的思维,应该从消除语言污染开始。

(by@菁城子)

文化没有特殊性

　　教育应该市场化吗？那怎么可以！教育是惠及民众的"基础性福利"，应该由政府免费提供。面对西方流行文化日益加剧的"侵袭"，要不要保护民族文化？嗯，当然要。文化是本国历史传承的结晶，人民生活的空气，具有独特属性。如果民族文化向市场开放，那些只顾经济利益，目光短浅的商人将把民族文化彻底糟蹋，没有价值的"老宝贝"就被弃如敝履。因此，政府应当加强对文化产业补贴。同理，由于教育和文化的特殊性，大量文化机构(例如图书馆、实体书店、文化机构)都应该得到政府资助。市场经济不能"唯钱是图"。

　　这些论调是不是很熟悉？打开每一天报纸，翻到文化新闻那一版，你能随意找到种种类似的观点。"文化具有特殊性"成了金科玉律，很多人希望把它置身市场之外。可惜，这些观点都是错的。市场的另一个名字叫"自由"，拒绝它相当于把这些重要东西交给了权力。你认为这样后果会更好吗？

法国电影:一个迷人的神话

　　法国是文艺青年梦中的耶路撒冷,那里弥漫着玫瑰色的艺术气息,绘画、雕塑、歌剧、古董——对了,还有法国电影。一般人说起电影,都会想起好莱坞式的商业大片。文艺青年言必称"法国电影",仿佛那是特别珍贵的艺术品。法国政府确实把电影当成"特别的东西",为此还发明了一个词叫"文化例外"。法国的国产影视作品受财政补贴,隔绝于商业大潮,以抵御来势汹汹的美国文化。

　　今年6月,导演贾樟柯就在微博说起法国电影,该国规定一部影片在任何一个影院的排厅量不能超过三分之一,也不能超过该电影院总场次的三分之一。这是法国文化部长介绍的,想来不会错。拍文艺片赚不到钱贾樟柯羡慕不已:"市场经济不等于没有约束,不等于经营者可以不承担任何社会责任,没有约束的市场经济是业余的市场经济。"去年王小帅也说,法国6500万人口有5000块银幕,其中有2000块必须放艺术电影,国家会出台各种政策补贴艺术片,挣钱的商业电影通过各种通道反哺艺术。

　　法国是社会主义思想的故乡,如今盘踞着欧洲最社会主义的政府。法国政府不分国产外国,对影片征收11%的票房税。这些税收会以补贴形式返还,票房高就补贴少,票房低就补贴高,最高可达票房税的1.5倍——外国电影不在补贴范围之内,播放的时间和场次也要大受限制。文化部以各种名目(例如新晋导演、艺术电影、实验电影、长故事电影)对国产电影实行厚薄不一的额外补贴。电视台播放电影,每年播放长片(通常是电视台出资拍摄的商业电影)不得超过 192 部,电影频道可放宽至 240 部,多出部分必须是艺术电影或实验电影。每周三下午到晚上,电视台禁放电影,因为新电影上映通常是在周三。五花八门政策的目的,是要抑制外国电影的侵袭,又要防止商业电影压过文艺电影,以此维持"文化多样性"。

电影业每年大约可以从政府那里获得 8 亿欧元补贴,但是大多数电影并不赚钱。电影业成了艺术冒险家的实验天堂,各式电影流派纷繁迭出,却掩盖不了一个事实:这些电影从来没有风靡世界,它们只是小圈子的藏品。即便在法国,本土电影播出的收视率也远远低于美国电影。在美国大受欢迎的侦探剧、律政剧、医务剧在法国同样受到追捧。法国大众并没有什么特殊性,美国人喜欢什么,他们也喜欢什么。

法国电影业不赚钱除了因为曲高和寡,票房惨淡,一个重要原因是制作成本过高。由于没有票房压力,又追求艺术上的精致,电影边拍费用边涨是常事。最典型例子是 1991 年上映的文艺片《新桥恋人》,拍摄跨度长达 3 年,制作成本从 3200 万法郎上升到 1 亿 2000 万,拖垮投资商之后由文化部宣布"国有"。这样的闹剧大概只有在法国才能出现。电影明星的片酬总是偏高,电影工作人员则经常联合起来搞罢工,推动工资节节上涨。

目前法国本土电影的市场份额约为 40%(欧洲最高),其他几乎为美国电影占领。如果电影市场全面开放,不难想象法国电影的溃败。电影在它的发源地成为一个靠财政补助才能维持下去的行业。在政府羽翼下,法国艺术电影多年来维持了脱离大众需求的畸形繁荣,成为被小众艺术圈绑架的产业。寄生在财政补贴上的艺术电影人,他们看不起商业电影,制造"商业与艺术为敌"的意识形态,阻碍民众自由选择国外艺术。王小帅曾直言不讳说,商业和艺术某些时候真是天敌,"电影票房成功了,导演就失败了"。这些电影人想要的无非也是政府的保护,这样的"艺术电影"和"多样化"有什么可追求呢?

(by@菁城子)

他们会教点什么给孩子

　　最近一个多世纪是国家主义肆虐的时代。战争频繁，规模空前，民众命运被捆绑在政府决策上，一次次地陷入生灵涂炭。即使在和平时代，平民都有强烈的国籍和民族意识，总是有意无意将"国家和民族利益"摆在台面上说话。寻找这一思潮的起源，民族主义、社会主义都是被普遍归结的原因。很少人在教育上寻找源头，尤其是政府对初级教育的控制。现代人普遍将义务教育作为起点平等的好政策。事实上义务教育从一开始就是为统治需要，直到今天仍是肇祸之端。

　　最早的"强制教育"思想源于德国宗教改革。1524 年，已被教皇开除教籍的新教领袖马丁·路德发表《为基督教学校致德国各市镇的市镇长和议员书》，首先提出"强制教育"概念。他的目的是和教皇争夺信众，扩大新教势力。在其影响下，萨克森等邦国开始推行儿童强迫入学的规章。到 1717 年，普鲁士的腓特烈·威廉一世颁布《强迫教育规定》，将受教育和兵役等同为国民义务。这是世界上第一部义务教育法。此后数任普鲁士国王继承了这一政策。19 世纪后半期，德国地区文盲率是欧洲主要国家中最低的。这一骄人成果的代价是，国民长期浸淫在军国主义思想中，国民尚武好战，战争动员高效。普法战争结束时，普鲁士元帅毛奇曾自豪地说："普鲁士的胜利早在小学教师的讲台上就决定了。"德意志统一之后，巴伐利亚州一所学校的教师报刊登了一篇题为"德国校长大获全胜"的文章，将战争胜利归功于普鲁士长达一个多世纪的义务教育。自此，义务教育"富国强兵"的作用声名大振，各国纷纷效仿。到 19 世纪后期，英法日等国纷纷颁布义务教育法,义务教育风靡世界。

20世纪30年代,纳粹顺理成章地接管了德国义务教育。种族主义,强权政治成了教育的重要内容,一直到纳粹覆灭。战后丘吉尔曾说:普鲁士是万恶之源。这万恶背后,则是悠久的政府强制教育传统。

纳粹思想被全面清洗,义务教育却被保留了下来,成为世界各国学习的经验,还被写进了《世界人权宣言》。几乎所有的政府都在向儿童灌输国家和民族主义的观念,其代价之一是,不同国家间人民的虚假利益冲突。

很少人认识到义务教育和近代种种灾难的关系。当儿童教育被接管,政府阶层一定会根据自己的意愿塑造儿童的价值观。让他们成为新教徒而非天主教徒,成为集体主义者而非个人主义者,成为好战分子而非反战人士,成为社会主义者而非自由主义者。政府总是倾向于延长义务教育的时限,以便利他们观念的灌输。一个初涉事的儿童,刚一形成观念就要接受这些观念,时间长达七年、九年、十二年(甚至有人呼吁更长的时间),他们一生只能陷入政府意识形态的魔障里。一个中国西南山区的孩子,从小没走出深山,经过常年升旗敬礼和爱国教育而变成的爱国青年,为万里之外不知名的小岛而仇恨日本人——甚至甘心去厮杀。即便他们的父母发现这些教育的危害,也无力改变,因为义务教育的含义是"政府强迫教育"——再说绝大多数父母也是从义务教育走过来,他们很少人觉得有什么不对劲。

无论是出于"民族振兴"还是"起点平等"的愿望,一旦政府施行义务教育,社会上的价值观念就从源头趋向同质化,异端的声音就极容易被淹没在鼓噪的声音里。这就是我们这个时代国家主义盛嚣尘上,自由主义思想难以扎根的原因。在这样的社会,政治野心家裹挟民意制造战祸就成为可能。因此,解除政府对教育的控制,将儿童教育归还给父母,还原社会观念的多元化,可以避免潜在的大规模冲突。

(by@菁城子)

媒体从来就不应该是公器

媒体不应该有太强的倾向性，好像一把剑悬在中国媒体人的头上，时刻提醒着他们说话要谨慎。当这些人还是愤青的时候就有媒体的前辈们语重心长地告诉他们，媒体是公器！中立可能是另一种平等狂衍生出来的产物。这个金科玉律甚至让很多媒体人有了一种神圣感，感觉自己从事的职业有点大法官似的不偏不倚。他们被自己的神圣感冲昏了头，总是不太敢对一些容易引起争议的观点一锤定音。尽管摇摆不定，忽左忽右也已经是在表明自己的立场——无脑立场。

一张只有两个人看的报纸，人们是没兴趣要求它必须成为一个什么样的平台，当然更谈不上公器不公器了。而当这张报纸有了成千上万的读者之后，许多人就开始说它是公器，要求它必须是一个担当起社会责任和义务的平台。显而易见，这个变化的点在于影响力。但这就好像要求全国连锁的饭馆必须有中餐一样可笑。谁家厕所大了也不肯变成公厕吧。媒体人的逻辑是，因为大，所以请注意影响力！

还有很多唬人的词，叫媒体职业操守或是媒体职业守则还有什么媒体的伦理？都是外行人一听就瞢了的终极思考。多么肩负重任的职业！难道媒体可以宣扬一些道德败坏的事迹？难道媒体可以不顾廉耻弄虚作假？答案是，都可以。因为媒体要为自己的行为负责。而官方媒体恶心还能如此猖獗，是媒体管制的错。

《京华时报》连续 27 天用 67 个版面恶意抹黑农夫山泉。京华时报当然可以这么做，就像愤怒的读者会骂《京华时报》无耻一样，都在行使自己的正当权利。农夫山泉如果是被黑的自然会叫，有凭有据。

围观群众看在眼里,知道谁在作恶谁不可信。从目前网上了解到的情况看,这件事的结果就是《京华时报》处心积虑地把自己越抹越无耻。这就是它这么做的代价。反而也帮农夫山泉做了一次不错的广告,这让人觉得农夫山泉更甜了。

另一种自以为是的媒体人会从话题的争议性程度来展现自己的中立。比如,标题为"杀人是不对的"他们没觉得不妥,但如果换一个话题,标题为"肾交易应该合法化"他们就慌了,马上"我觉得媒体应该中立"附体。但这里的矛盾是明显的,"杀人是不对的"是一个坚决的观点,如果媒体要保持公器形象,标题应该是"杀人可能是不对的也可能是对的哦"。

后来,有公共平台情结的媒体人又退了一步,他们说,那至少应该有各种不同的声音吧。今天约个人写篇稿子支持计划生育,明天也可以约篇反对计划生育的文章。真理越辩越明嘛,百花齐放嘛。我想,若不是中国的媒体被管制得厉害,这种愚蠢平台早就被市场淘汰。但不管如何,这都不过是经营策略而已。

那些认为媒体是公器的人显然是公有制思想长期浸淫的恶果,资格老一点的媒体人都是党报出来的,早已被公有制思想腐蚀得只知道等指示,整个经营都不大可能以一个企业的思路在好好做。世界上做得好的媒体大部分是私人的,有坚持某种理念的,有纯迎合读者,各种倾向明显。公有制的媒体会是什么状况,不必多说,政府出钱办的,吃人嘴短,看看《环球时报》或者《新闻联播》就知道了。

报纸、杂志、网站等媒体本质上没什么可神圣的,不管这个平台有多大,也只是服务业一种。饭店提供饭菜,媒体提供新闻或者观点。能否做大做强,全看消费者是否愿意买单。媒体应该如何,应该有怎样的操守什么样的伦理,如果有,也只是为经营策略附上一些听上去不错的措辞。这些都不重要。

(by@吴主任)

向钱看才最公平

桑德尔的书是一本又一本地出，仇恨金钱的他似乎也没少拿出场费。这里如果仅仅给桑德尔扣上蠢货的帽子，是有些不礼貌，虽然事实上这位美国人既蠢又坏。

为了写这篇文章，我不得不忍受生理上的不适找了一些桑德尔的东西看。基本上，桑德尔想要表达的是，在一个任何东西都可以用钱解决的社会是不公平的。他在某次校园讲座里举这么一个例子：如果有一名学生想进入一所名牌大学，但考分不够，其父母于是去找校长，说如果你录取我儿子，我们给学校捐1000万元建图书馆和实验室。这是公平的吗？

桑德尔的伎俩就是制造各种困境，非常极端的困境来讨论问题，当然，这在很多笨蛋眼里是属于有趣的范畴，一个哈佛教授授课如此有趣，令人敬仰。人们感受到自己的脑子被带动活跃了起来。仿佛受了启发，忍不住啧啧称奇。就说上面这个例子吧，如果这个学校是私立学校，也就无所谓公正公平了，学校老板觉得划得来，就这么干。如果觉得不缺这点钱，那么就拒绝。事情简单得无可争议。问题就在于，这是个公立学校。简单说就是政府出资办的，那么这个故事里，这就属于行贿受贿了。挤掉一个名额，好像确实有失公正。

但是公立学校存在本身就是个不公正的行为。

首先，所有这些公立大学的钱都是来自全体纳税人的钱，一个池子的财政，分不清哪块是你的哪块是隔壁老王的。那么意味着，有相当一部分完全没享受到高等教育的人也要掏钱在给这些人办教育。

这个世界上就没有比这更不公正的事情了。

桑德尔们听到我这种解释，除了摊手或许还能咆哮道：教育怎么可以完全私有化！教育怎么可以产业化！这么说吧，仅从生活中能看到的我们就能发现，有条件的家庭都愿意把孩子送到私立大学去，从这一点至少可以看出，成功人士有钱家庭是肯定了私立学校的教育水准的。一群穷光蛋在桑德尔这种骗子的忽悠下总觉得教育特殊，没有公立学校咱们穷人家的孩子可咋办！

事实上，公立教育的存在受损最严重的恰恰是穷人家庭的孩子。一种服务如果是私人经营，买不起，就找个替代品。非常简单明晰的一个行为规律。但是一种服务就官方提供（注意：穷人可没少纳税），那么这项服务资源的分配规则就多了。所谓"关系背景"在这里是能行得通的。穷人如何跟有钱人比"关系和背景"？改革开放之前的中国，钱不如卫生纸，靠得全是关系。

我们回到最初的一个问题，钱是什么。钱是交易媒介，其实就是每个人的劳动所得。每个人的能力机遇各不相同，贫富差距是必然存在的。排除掉如今靠权力获得收入的体制内废物，一个自由的市场上，越有钱的人必然是那些为他人创造更多商品和服务的人。苹果为人类提供了这么优秀的产品，理应巨富。但凡有一天苹果的产品没了竞争力，说破产也就破产，看看柯达。一代一代人过去，有些家族有了财富积累，他们的子孙起跑线自然也就比其他人要高。这是命，不是什么不公平。

资源意味着稀缺，商品服务都是稀缺的，如何来分配？靠长相靠身材靠投票靠关系背景？没有一项比靠金钱来衡量更公平公正。如上所说，因为大部分有钱人都是为这个社会创造财富所应得的，他们用自己的能力加上机遇，创造出了更多的商品和服务造福其他人，那么他们当然就有更多的钱来购买任何他们想要的东西。而且对穷人来说，除了钱，其他的不可能拼得过有钱人。

桑德尔这个对钱有偏见的美国人还在接受中国粉丝的采访里透

露出这样一个信息，他认为一个娱乐明星的收入比大学教授高出好几百倍，这个社会对"社会贡献"的评价以及回报方式出了问题。桑德尔最牛逼的地方在于，即使是如此不要脸的话，经过他充满智慧的忧虑之口说出，居然也能引起其他人反思。知识分子就是这么自负，特别是在校园里接受纳税人供养的桑德尔之流，觉得自己的研究是"有价值的全是贡献"。我们村那个每天都在思考全人类命运的精神病患者也觉得自己在做人类史上最伟大的功课，但村里的人就没有出现一个桑德尔这么不要脸的蠢货召集大家反思应该给他一些研究经费。

桑德尔最有趣的一点是，他并没有穿得像一个乞丐或者至少拒绝版税，不要任何出场费，以实际行动来支持自己对金钱衡量一切的担忧。对一个"体面优雅"的江湖骗子来说，这不太讲究。

（by@吴主任）

公立教育的问题

教育医疗是要求免费呼声最高的两个领域,网上有各种谣言,基本上以印度俄罗斯为意淫对象,说这两个人们印象中不怎么样的国家都已经实行各种免费了。看病免费上学免费,引得众人羡慕不已。其实我特别想知道,若是打开国门,无障碍移民,几个人愿意去这两个国家? 反正我是不愿意去。

有个问题值得思考,为什么教育医疗显得如此特殊,不如所有东西都免费啊。住房免费,吃饭也免费。吃住比教育医疗更重要,这个没人否认吧。为何不都免费呢? 多好啊,人间天堂,一秒钟变朝鲜。有时候试着站在统治者的角度想,面对这么多渴望免费的眼神,简直是天赐愚民。免费好啊,交钱,纳税啊。这时候人群中爱思考的一个叫秦晖的同学站起来说,你们都收了那么多税,必须拿出来造福民众了。听起来似乎有几分道理。但是没什么文化的隔壁老王不这么看。老王说,老子全家辛苦挣钱安分守己不奢望免费,医疗教育都是自己花钱找的私立机构。我凭什么要出钱给你们丫免费? 请减税!

老王没什么文化,但老王的意见无法反驳。

今天不说别的,就谈公立教育。一个流行的观点是,教育不应该市场化,基本上以搞无用研究为业的高校内知识分子呼声最大,民众们被忽悠得也对此表示赞同。这些说法大致是这样的:教育市场化之后必定很"功利",一些没用的偏门的知识,比如艺术研究或者什么古文化研究之类的专业必定被淘汰。因为学习这些东西，毕业后没用。但是，这是文化啊！另一个老百姓比较关心的是，教育全都市场化了，没钱上学的孩子咋办？必须留一部分公立学校！

教育的重要性不言而喻，正是因为教育如此重要才不应该让政府来办。吃饭这件事关人命的事我们这个倒霉国家体验过。曾经让政府包办，公社吃喝免费，结果如何呢？政府出钱办教育，怎么可能不美化自己？好吧，在这个国家，意识形态洗脑就算私人办教育也躲不过去，强制下达。那么这一块先放一边，反正暂时没办法。就说教育质量。公立学校我们这儿叫事业单位。校长书记都是通过行政命令调遣的。在这种单位里，需要的不是最好的教育质量和效率，是学会做人。教学牛逼的老师得不到他应得的报酬，可能混得还不如一个会跟领导谈笑风生的教师。更不用说那些不参与教学的行政人员了，人还特别多，简直就是废品回收站。这是一切体制通病，我想体制内干活的人会有更切身的体会。

公立学校注定了在吸引优秀教师吸引优秀管理人才方面是做不好的，那么所谓教学质量就是无稽之谈，负责洗脑搞政绩是领导最看重的。私人高校不一样，不会有老板敢于忽视花钱的孩子家长。做好教育服务是他们的生存命脉。跟开洗脚城没什么不一样。

假设一个专业只有几个人有兴趣，极其冷门，可能砍掉也是一个学校的正常思路。那相关专业的教授如何安置？这么说吧，没有人有权利要求别人为自己的兴趣爱好买单，私立学校老板的钱是钱，纳税人的钱也是钱。如果某个什么研究真有人愿意花钱学习，那么传授该学问的人就饿不死。如果没有，那么很遗憾，只能做点别的赚钱，深夜里在烛光下独自牛逼。这这这太功利了！有些学问可是老祖宗的文化精髓啊。是，其实从现实中的经验可以知道，真实的情况远没那么惨，富人都喜欢传统文化，我想，那时候会有富人愿意赞助一些偏门学问的研究经费。慈善基金之类的。一句话，谁有意向谁花钱，但最后果真没其他人有兴趣，那也是没办法的事情。逼迫别人出钱给自己的学问买单算什么东西。我还希望别人给我一笔"点石成金"研究经费。谁出啊？

但你看现在很多知识分子就是这么声嘶力竭地打着文化的旗帜痛斥教育的功利性。公立高校内基本聚集了这个地球上最没能力但不要脸起来却最理直气壮的一群文化人。

没钱上学的穷人怎么办。首先，把这个问题换成更致命的惊叹，穷人家的孩子没钱吃饭怎么办！虽然这个地球上每天都在饿死人，但中国目前吃不上饭的家庭我相信几乎没有了。极其贫困的地区也少有发生饿死人事件。一是活下来成本不算太高，大不了自给自足。真正的原因是市场化让每个人都能吃上饭。就拿餐厅举例子，没钱的可以吃路边摊，买几个馒头充饥也是一餐，有钱的五星级豪华餐，一顿十万不在话下。很少人对此有异议，也不应该有异议。市场满足了各种层次的需求。教育的情况一点不特殊。有钱人可以花高价上贵族学校，没钱的家庭上个社区学校。另外那些实在上不起学的家庭，通常也会有私人慈善免费学校提供。

另外一个错误的观点认为，每个人都有接受教育的权利。听起来没问题，如果一个家庭的孩子真的上不起学，必须强制这个社会的其他人出钱给予教育服务。一个多么仁慈充满爱的呼吁！

为什么教育是这么特殊？按这种什么是权利都没搞懂的文盲逻辑，那么是否也必须强制一些女性给一些男光棍当老婆？或者至少必须为光棍们提供最迫切的生理需求服务？同样的逻辑，可以把一切需求的满足都当成是权利。所以，这是非常荒谬的一种权利观念。一个人有学习的权利，谁都无权阻拦。但不是其他人有义务去为其免费提供该服务，这可不是什么权利。赋予教育神圣的特权是不可思议的一件事。

平心而论，对很多家庭而言，让孩子上大学并不是最好的选择。每个家庭父母以及孩子自有他们的主张和选择，当接受教育变成一种特殊权利，参与其中的每个人都被这样一个畸形的制度绑架。好像税都交了,不呼吁更多的教育福利是吃亏。而这种结果只能是,收税的名义越来越正当,教育状况越来越差,陷入死循环。就是在实际可行性上,监督政府管好教育加大投入这件事不见得比呼吁减税让民办学校享受公平竞争环境难度更低。只是很遗憾,那么多人的错误观念导致对前者的呼声太高。

(by@吴主任)

如何才能杜绝超级中学

　　新学期伊始，教育部再次关注"超级中学"现象，要求必须尽快消除超级中学。事实上，教育部负责人指出，国家先后出台过多个遏制"超级中学"现象的文件。

　　把升学率视为政绩的地方政府，有动力把教育资源倾斜于少数学校，"超级中学"现象只是县一中现象的加强版而已。

　　少数"超级中学"占据着大部分的教育资源。据《南方周末》报道，2009年北京市海淀区11所示范高中的校均教育事业经费支出超过3000万，另外45所普通中学仅有其三分之一，有的中学获得的教育经费甚至是普通中学的10倍。

　　有人说政府主导的公办教育能保障教育公平，"超级中学"现象是对这一说法的讽刺。穷人的孩子几乎只有成绩特别好这一条通道，有权有势者的孩子却可以通过各种渠道进入"超级中学"。农民工子女就学问题也不断地戳穿了这一虚假神话。农民工子女很难在城市的公立学校就读，而同时，民间创办的农民工子弟学校却常常因为这样那样的理由被取缔。

　　"超级中学"的教育质量自然是普通中学没法比的，为了能让自己的孩子挤进去，许多家长宁愿花费高额择校费。教育乱收费现象之所以存在，原因也就是教育资源供不应求，尤其是优质教育资源。一样商品或服务如果供不应求，当然会吸引更多的资源投入到这个行业以增加供给。很可惜，教育领域并非如此，不是资本不愿意进入教育领域，是政府的法规和管制阻碍了民办教育的进入和发展。

按照中国的政策,教育事业是一项公益性事业。关于民办教育,中国有部专门的法律叫《民办教育促进法》,却名不符实。对于民办教育在中国的尴尬处境,创办老罗英语培训的罗永浩曾表示:"从技术上,完全合乎各项规定的运营几乎是不可能的。"投身民办教育创办南洋学校的企业家任靖玺曾写下八万字的《南洋十年炼狱》,痛陈在中国搞民办教育之难。

　　很多人都把中国教育的种种问题归结为教育产业化,这并不是事实。恰好相反,解决中国教育的问题,出路在于消除政府对教育领域的管制,民办教育的兴起,也就是进一步扩大深化教育市场化(产业化)。有人说,教育是非常重要而特殊的行业,不能市场化。可是,餐饮业、服装业、百货业等等,哪一个行业不是重要且特殊呢?这些行业的繁荣无一不是市场化的结果,教育也不应该成为例外。

　　只要依旧是政府主导的公立教育模式,教育领域的行政垄断一日不消除,超级中学就不可能消失。

　　　　　　　　　　　　　　　　　　(by@喻涛 1991)

也说言论自由的世界

歌手吴虹飞微博称要炸掉北京建委一事,近期在网上引起轩然大波。有人认为说什么都是吴的言论自由,也有人说世上没有绝对的言论自由,吴的言论不应该保护,因为这危害了公共安全。

常见的说法是,权利不是绝对的,言论自由的权利是有限度的。至于限度在哪,美国大法官霍姆斯给出了经典的表述,明显且即刻的危险(clear and present danger)。霍姆斯说:"对言论自由作最严格的保护,也不会容忍一个人在剧场中妄称起火,引起恐慌。禁令所禁止的一切可能造成暴力后果的言论不受保护。"

妄称起火的人要么是剧场的老板或员工,要么是观众。如果是老板或员工妄称起火,那这就是欺诈,卖票给观众看戏,却扰乱秩序让观众陷入生命危险之中。如果是观众妄称起火,那这就是违反了契约,您买票是来剧院看戏的,而不是来瞎捣乱的。可见,剧场起火的例子,并不能推导出言论自由的权利应该受到限制的结论。

没错,宪法保障你的言论自由权利,那《南方周末》不刊出我的文章,是否就侵犯了我的言论自由权利呢?任何一个正常人都知道,这没有侵犯我的言论自由权利,除了一些知识分子。如果依照宪法的言论自由权利,人人都能在南方周末发文章,南方周末登出 13 亿人民的文章的盛况简直难以想象。

只有南方周末的编辑觉得你的稿件符合他们刊发的要求,人家才会用你的稿子。当然,在你自己的博客上,你想发什么就发什么,你的地盘你做主。这就是说,你只能在自己拥有财产权的地方,或者经别人同意在别人的地方,你才能实现你的言论自由权利。

进一步看,这个世界上压根就没有独立的言论自由的权利,存在的只是基于财产权的言论自由。

另外,所谓明显且即刻的危险原则,本身是十分危险的。试想,判断言论是否具有明显且即刻危险的是政府,这就像危害公共安全一样,沦为一个万能用词,什么言论都可以往上靠,因为政府掌握着最终解释权。

基于此,安·兰德老师认为,"言论自由是指政府不得对公民的言论采取制止、干涉或惩罚的行为,除此以外,别无其他。这个法律不适用于个人和个人之间的关系,他只适于个人和政府之间的关系,只能确保政府不剥夺公民发表言论的权利。"

只要未对其他人造成实质性伤害,无论是胡思乱想,胡说八道还是胡作非为,都是自由。回头来看吴虹飞的案子,她发表的炸建委的言论,当然是她的言论自由。

(by@喻涛 1991)

别被公共图书馆理念忽悠了

日前，"杭州图书馆10年不拒乞丐"的消息引起热议。有媒体称，不论社会地位、经济状况等因素，"任何人均可平等利用"是公共图书馆设立的基本理念。

凡事只要加上公共二字，似乎立马就站上了道德制高点，就天然政治正确了，公共图书馆也不例外。没人会质疑图书馆的重大意义，公共图书馆的基本理念看上去也特别美好。放下理念这类形而上的东西，所谓公共，其最大的特点是由政府出资兴建和维护。

既是政府出资兴建，就不得不问钱从哪儿来？别忘了政府是不创造财富的，用来建设和维护公共图书馆的钱都来自我们纳税人。事实上，中国很多城市兴建图书馆，很大原因是搞形象工程，如广州市新图书馆耗费13.4亿元巨资。可见，与企业的行事模式不同，缺乏成本约束的政府公共工程，腐败浪费低效是其通病。

有人会说，用纳税人的钱搞图书馆是取之于民用之于民的大好事。问题是，取之于民的"民"与用之于民的"民"，根本就不对应相同的人。纳税人都交钱给政府，政府搞好图书馆，可真正去享用图书馆服务的人，大部分是城市的人，有几个农民会去图书馆呢？这样看，公共图书馆就是在拿农民的钱补贴城市人。所谓"任何人均可平等利用"的公共图书馆基本理念，说白了就是个忽悠人的口号。

图书馆的意义重大，并不意味着就要政府来搞图书馆，其实还可以有更好的替代选择。假如人们对图书馆服务的需求真的特别大，没有理由怀疑图书馆行业不存在商机。为了把握商机挣取利润，自会有商人推出图书馆服务,直接收费或通过其他的商业模式营利。商人办的图书馆与政府办的图书馆,最大的不同是前者遵循用者自付的原则,谁享受服务谁花钱买单,这才是公平的。

除了商业图书馆,民间还会出现慈善式的图书馆,许多有钱人会选择捐资兴建图书馆。亨廷顿图书馆、摩根图书馆、莎士比亚图书馆,这些都是世界著名的图书馆,却是私人投钱兴建的并开放给所有人使用。1949年之前,中国也有一批著名的民间图书馆,如无锡的大公图书馆,后由于种种政策原因,被并入到政府的图书馆。立人图书馆是中国知名的民间图书馆项目,他们靠私人募捐为很多贫困地区兴建了图书馆。

一项服务商业化后,总有人会以"穷人怎么办"为由来质疑。民间的慈善行为,是个不错的解决方法(虽不完美,可这个世界哪儿存在完美呢?)。最令人疑惑的是,既然提出质疑的人如此关心穷人,为何不自己掏钱行动起来去帮助穷人,就像立人图书馆所做的那样。

大谈所谓"任何人均可平等利用"的公共图书馆基本理念是廉价且害人的。我们要面对的真正的问题是,怎样清除政府对民间图书馆设置的种种障碍。

(by@喻涛 1991)

为何电视虚假广告屡禁不止

2012年6月，重庆万州区检察院指控该区广播电视台的行为构成虚假广告罪，这是电视台播放虚假医药广告首次被刑事指控。电视台(尤其是县市级台)播放的各种虚假医药广告，坑害了无数穷困的百姓，已成人人喊打的一大公害。然而，在电视资源由行政主导、属性不清的条件下，不播虚假广告县级电视台难以生存。

1983年3月31日召开的第十一次全国广播电视工作会议上，时任广电部长的吴冷西提出了四级办广播电视的方针。即除中央和省级办电台、电视台以外，凡是具备条件的省辖市、县旗都可以根据当地的需要和可能开办电台、电视台。之所以这样做，是由于当时中央台和省级台的覆盖面并不广，县市级电视台的主要任务就是转播中央台和省台的节目，共同覆盖各市县，边远省、自治区的地区一级，如有需要县市级台也可自办电视节目，这样就形成了四级混合覆盖的局面。

在此之后县级广电快速增长，到1988年，全国电视台422座，其中县级台183座，尽管1997年国家对广电系统进行了治散治滥的整顿，尤其对县级台进行了控制，但截至2007年底，全国广播电视播出机构2587座中，县级广播电视播出机构约1916座，约占74.1%。

中国的电视台从来都在政治属性和经济属性之间纠结，县级电视台自然没有例外。随着中央台、省级台陆续上星，覆盖全国，完全可以不需要依靠县级电视台转播就能提高覆盖。所以，这才有了中央严格控制县级电视台设立的举措。1998年，九届全国人大一次会议提出,今后对包括广播电视在内的大多数事业单位将逐年减少财政拨款,3年后这些单位要实现自收自支。政治属性相对淡化,经济属性就会占上风。电视台自负盈亏自主经营企业化运作,财政的路子基本给断了。

县级电视台内部机构臃肿,受到固有旧体制的限制,没有人事任免和有编制招聘的独立人事权,所以人员安排由行政上级决定。这样,不合格的人员不能辞退,导致县级广电养了很多不干事的闲人,而有能力的人才由于没有正式人事用工合同和相应的收入待遇又难以留住。

电视产业在中国是行政垄断行业,资源的配置由行政力量主导。结果就是电视台的级别越高,掌握的各种资源就越多,竞争力就越强。毫无疑问,中央台与省台的竞争力远非县级台所能匹敌。中央台全国落地,省级卫视也基本覆盖全国,而县级台仅仅在当地覆盖。在这些因素的作用下,结果是电视广告份额的大部分被中央台和强势的省级台给瓜分,数量上占大多数的地市台、县级台以及弱势的省级台,只能分食余下的广告份额。

2009年,中国电视台电视广告收入654.03亿元,排在前十的电视台占去电视台整体广告收入的54.96%,其中中央电视台一家就高达164.02亿元,中国36个省级台则分食了261.34亿元。309个市级台广告收入97.48亿元,其中27个省会电视台广告收入为36.1亿元,剩下的100多亿元广告额则由千余家县级台分享。平均算下来,一个非省会市级台年广告额为2000万左右,县级台只有几百万而已。

全国性的知名品牌,自然优先选择在中央台做广告,次优选择是各地省级卫视,而地方性知名品牌,则多选择当地省级卫视做广告,以此类推,到了县一级电视台,广告的品牌可想而知。实际上,与中央台广告招标相反,县级台只能被广告商挑。很多县级台的时间完全是大段的外包给广告公司,内容由广告公司制作,电视台只负责播出。县级电视台由于自身实力之故,自制节目除了当地新闻联播,就是盗播电视剧，有大段的时间可以外包出去。这样做也不会给电视台带来更多的成本，广告也由广告公司制作。

在县级台的广告中，医疗类的广告占绝对优势，而且大部分是医药广告。这些广告一般是在早上、中午、晚间反复播出，每次播出的时间大约在20分钟左右。这些广告在宣传时，都说是经过某某权威专家鉴定、荣获国际某某医学会认证等等，而且多是通过当地农民现身说法（给农民100块钱就拍一段），以表明疗效多么神奇。尽管这些广告看起来很荒诞，但是却着实骗到了许多憨厚的农民，2009年，吉林省消费者协会近日公布的统计数据显示，在当年前3个季度，农民投诉电视广告占投诉总数的比例从20％上升到50％。

有的县级电视台不依赖医药广告，结果难以为继。比如湖南省湘西泸溪县电视台，最大的一间房，既是电视台的会议室，还是新闻演播室，更是来客的接待室。该电视台年均收入不足300万，主要靠的是有线网络建设，负载累累入不敷出。县市电视台实力弱节目差收视率低，只能接像医药广告那样的虚假广告，如此形成了一种恶性循环。与此同时，虚假医药广告也需要县市级这样的基层媒体。

中国广电业一直实行以宣传为中心，宣传、事业、管理"三位一体"的体制，基本上处于"条块分割、政事不分、管办合一、封闭运行"的状态。尤其是县级广电，目前基本上实行局台合一的体制，政事不分、管办不分的现象十分严重。作为事业单位的电视台，其台长有行政级别，台长兼任当地宣传部副部长很常见，有的电视台与广电部门甚至合而为一，这样广电局长同时也是电视台台长。

不管怎么说，电视台在中国与政府的关系复杂。电视台这种属性不明的特征，成了电视台广告接受监管的一大阻碍。一位普通工商执法人员曾坦言，"作为市场监管机关，工商局拥有处罚权，电视购物播放违法违规广告本应受到处罚是毫无疑义的，但无论是电视台还是企业，也无论他们是由于握有舆论话语权还是由于对当地财政的贡献，他们对工商执法都有影响和制衡，能够让工商执法该出手时手出不去。"

电视台与广告公司有各种手段应付监管部门。药品广告要发布,需要通过省级药监部门的审查,电视台和广告公司可以采取送审一个能通过的版本,得到广告批号,但是在播出的时候偷梁换柱播出另一个"神奇"的版本。另一个规避监管的常用手段是,伪造广告假合同应付工商真罚款。2006年《青年记者》杂志刊登了一位医药广告从业者的自述,他提到一个例子,他们公司曾经做了一个治肝病的广告,直到被查处才临时签个合同,广告费用在合同上显示为1.5万。工商部门按这个金额没收了,然而实际的广告费用却高达70余万元。

行政力量主导下成立的县市级电视台,行走在市场经济中,出现充斥医药广告的事,不足为奇。除非电视行业的政府之手撤出,让该倒闭的倒闭,否则包治百病的神药广告无法禁绝,无奈的穷困百姓将继续受骗被坑。

(by@喻涛1991)

景区私有才能解决门票问题

有游客发现大雁塔登塔的门票价格不同,淡季20元,旺季为30元,反映这样不合理,陕西省物价局经过调研,同意西安市大雁塔保管所取消大雁塔淡旺季门票,实行统一门票价格,具体标准为每人每次40元。此后,陕西物价局表示,这只是景区申请的价格,尚未审批,而其官方微博发布的"调整为40元"信息,实为工作人员失误。

游客反映价格不合理反而涨价了,这条新闻引起了人们的热议。翻看这条新闻的网友跟帖,不难发现,大部分网友都在讽刺景区的涨价。生活中,一种商品和服务的价格浮动,实在过于常见。牙膏矿泉水等日常用品价格略微上涨,人们甚至都不会注意到。然而,旅游景区与牙膏的本质不同在于,景区是国有财产、是政府提供的公共品。

基于景区是国有财产这一点,有人推论出景区这样的公共品价格越低越好,要是免费那就更好了。事实上,景区一类的公共品在定价上,与市场上的商品服务定价逻辑完全不一样。市场中的商品定价受到利润盈亏的引导,而公共品的定价则是政府部门(物价局)说了算。

政府既要对景区负责,也要对地方政府负责,还要对游客负责,而这三者的利益是有冲突的,于是无论政府如何定价,都无法让人满意。政府部门给景区定价本身正是问题所在,说白了,这是一种价格管制。

公有产权下会发生公地悲剧,这是经济学常识,如果某个热门景点免费了,人满为患不可避免。公有产权下,价格还有意义吗?有种说法是"若供给不自由,则价格无意义",就是说对于景区这样的政府垄断资源而言,价格不起作用。可是,这种说法与经验事实不符,中国的改革开放,价格改革起到了关键作用,即便当时处于计划经济下。在农村土地集体所有制下,包产到户政策起到了消除公地悲剧的作用。

其实,公有产权下,定价的分散化,可以部分地消除公地悲剧。春运火车票该不该涨价,是个每年都要争论的话题。的确,偏低的春运火车票价会造成铁路这块公地的浪费,造成浪费的是政府对火车票的价格管制(而不是乘客的排队)。火车票的定价权下放、黄牛合法化等,可以起到改进铁路公地悲剧的效果。

回到大雁塔景区的涨价,物价局对景区的价格管制才是问题所在,不论政府给景区的定价是高是低,都是徒劳。呼吁政府给景区门票降价,那是找错了靶子,反而强化了政府的管制,为管制提供了民意基础。政府应该做的是取消价格管制,把景区的定价权下放给景区,并逐步取消对景区的财政补贴。

当然,最理想的方案是旅游景区的完全私有化,让私人来经营景区。景区与别的商品和服务并无本质区别,依照市场化的规律,价格定多少,那是商家的经营策略。商家为了获取更多利润,会有意愿提供更多更好的景区服务。这样做的好处还在于,谁享受了景区服务谁就花钱,不像现在景区享受着政府的补贴,不管你有没有享受景区服务,可都要纳税。

(by@喻涛 1991)

人口增长会带来资源危机吗

　　我们这个时代最让人焦虑的恐怕就是环境问题了。人口持续增长，资源不断被耗竭。石油价格越来越少，煤炭不知能否支撑到下个世纪。随着城市扩张、污染加剧，大量适宜耕作的农田被毁坏，粮食问题也许会成为严重问题。水资源减少也是严重问题，因为人口增加、工业和农田灌溉都耗费了大量水资源；森林砍伐导致生态多样化受到威胁……

　　够了！所有这些灰暗预言不就是想说，人类是地球的癌症，人口增长让地球不堪重负，经济发展都是以对自然的掠夺为代价？如果不实行计划生育，人类就会像昆虫一样无序繁殖，只能靠战争和饥荒定时消灭减员。这些观点错了，错得非常离谱。人类不是昆虫，因为他有理性，有产权观念，能够进行知识交换和科技发展。这些独特的东西使得人类早就摆脱了梦魇似的命运。别再相信那些神神叨叨的悲观预言，更不要相信他们开的药方。

人口为何不是负担

很多声称捍卫人权的学者在面对计划生育问题时,往往遇到这样的困境:如果承认生育是天赋权利,人口过多可能导致资源匮乏。人类生活赖以的基础包括耕地、森林、水源、矿藏,而它们绝大多数都是不可再生的,人口多一分,人均就少一些,人口增长势必成为社会发展的瓶颈。面对这样的问题,很多人因此声称,权利不是绝对的,当个人生育权和社会发展形成矛盾,权利应受限制。

这样的说法很普遍,可惜对权利的理解却不正确。任何人行使权利,都是在自己拥有财产的范围内。如果他的权利行使超出自己的范围,采用强加给别人的方式,则不是权利,而是权力。

在社会生活中,所有资源的使用都是落实到具体的个人,所谓"社会资源"是一种想象。那些未经开发的矿藏,未经开垦的无主耕地和未经发明的创造,实际上处于无主的状态。当它们被发现和投入使用,还是归于个人产权的形式。任何人生育所占用的资源,一定是自己所属和付出代价的那部分。生育者不会将所谓"社会资源"作为自己生育成本的考量,只要计算自己的财产和资源就可以了。这些新出生婴孩所消耗的资源,一定是家庭财产所拥有的范围。待他长大成为生产者,他消耗的还是自己的财产。指责贫穷者"越穷越生,占用社会资源"是没有道理的,因为再贫穷者,只要不偷不抢,他占用的资源一定是自己生产创造的那一份。

"资源占用"说还有另外一个问题,即忽视人的创造性。人消耗资源,同时也是资源的生产者。树木有百般用途,需要人去砍伐或种植;煤炭固能燃烧,需要人挖取采掘;现代石油开采都是使用大型机械,然而这背后也是无数人群在"迂回生产"。甚至可以说,只有人才能创造资源,人的生产本身就是资源永远不竭的保障。尤其在知识传播和科学技术高度发达的时代,知识和技术已成为人类生产创造的巨大杠杆。一个人只要参与分工合作,创造的财富远远多过他个人消耗。这也是19世纪以来,全球人口翻了好几番,但是财富增长的幅度远远超过人口增长的量级,绝大多数人的生活水平都有显著提高的原因。

忽视人的创造性,将人作为资源的占用和消耗者进行排斥,这种心理在计划经济时代表现得淋漓尽致。计划经济体制下,产权不清晰,生产缺乏激励,生育受家庭经济的约束很小。在物资配给制的情况下,多出来的人口确实对原有人口构成威胁。资本积累和财富生产远远落后于人口的增长,人口的出生确实成了负担。计划生育的错误在于,无视人口增长落后于财富生产的制度因素,无视人的创造性,采取简单"消灭人"这种野蛮的方式适应落后体制。按他们的行事方式,即便将人口减少一半,只要财富积累的速度不变,贫穷和匮乏仍然不会改变。20世纪90年代以后,朝鲜由于失去前苏联援助,国内实行"先军政治",导致国内发生严重饥荒,数百万人被饥饿夺去生命。朝鲜并没有实现"人均资源增长",反而愈发地陷入到泥潭里,生活水平大不如往昔。

自20世纪70年代以来,中国实行了严厉的计划经济,出生率大幅下降。按计生委的说法,由于实行计划生育政策,中国人少生了4亿。很多人将同一时期经济快速发展归功于计生政策的实施。真实的情形是,政府逐步放弃计划经济,解除对民众自由的严密束缚(虽然还远远不够),激发了民众创造财富的热情。中国经济腾飞的原因是经济和社会生活的自由化,在此过程中,计划生育政策所起的作用是反作用力。它制造了无数血泪痛史,激化了农村矛盾,耗费了大量农民资本积累,同时也给经济可持续发展埋下隐患。

现象的并列很容易被误解为因果关系，相同例子还有印度。印度是世界上人口第二大国，也是贫穷大国。印度贫穷的原因是他们长期实行计划经济，如果印度政府改弦更张，实行真正的自由市场经济，庞大的人口反而是他们腾飞的动力。

错误的观念指导着人们对历史现象的认识。在计划生育问题上，如果不正确地认识产权，就很容易将人际关系的认识水平停留在厮杀、争夺和你死我活的水平上。在产权制度下，生育和人类的任何生产一样，都符合人的理性期待。无数家庭的自主自利行为，效果远远高过"政府计划"，这已经是在无数领域都证明的事情了。

（by@菁城子）

猫狗有权利吗

某天你看到一条新闻,一辆装满猪的卡车在高速公路上被拦截下来。一群人大嚷,猪是哪来的,肯定是偷的! 他们动手扣车,要求放了这些猪,或者要求低价收买。你会怎么看这些人,是不是和剪径匪徒无异?

可是把猪换成狗,换成猫,事情就不太一样了。拦车的人自认光明正大,呼朋引伴,唯恐声势之不浩大。他们会先报警,说这些猫狗是偷来的,要求运输者出示合法证者。幸而证照齐全,心有不甘的这些人会胁迫性地又要求以低价买进。媒体碰到这些抢狗人士,评论会变得温和起来。他们会认为这是价值观念冲突的后果,情有可恕。

我从来没有看过抢劫猫狗的歹徒受到法律制裁,无论抢劫是既遂还是未遂。抢劫财产违法,拦截猫狗无罪。从什么时候开始,猫狗一类的宠物就从人类的财产范畴里剔除,成了特殊的种类呢?

据说猫狗确实变得很特殊。北京地铁有条公益广告,叫"爱它就爱它一辈子"。这句话是对猫狗说的。将宠物拟化为人,注入对人的情感,似乎越来越常见。很多人生活孤寂,心灵柔弱,他们需要伙伴。这没有任何问题。猫狗党人的诉求不限于此,他们希望赋予猫狗类似于人的尊严和地位,希望他们受法律特殊保护,免受役使,不再成为人类食物。这种将"猫狗权"凌驾于人类财产权利之上的思潮,叫做"动物福利"。

这种反人文的价值观被很多知识人士认为体现了道德的进步。这其实是知识上的堕落。

有些知识人,他们也认为猫狗党人拦截车辆,禁止食狗肉的行为是侵犯权利。不过他们的观念止于:现在还没有猫狗权利,侵犯私人财产权是不对的。等到有了猫狗权,财产权受限制,再惩罚那些吃猫吃狗的人也不迟。作家肉唐僧就说,爱狗人士的目标只能是立法禁止吃狗肉,这才是正经的"狗权"。"所谓立法,不过是通过不断的说服,让足够多的人同意你们的主张,然后通过影响立法机构以达成多数人对所有人的强迫——谁都不许吃狗肉。这个不许吃狗肉运动或狗权运动,本质上就是:以一场社会运动为形式,以一个成文法为目的。"

　　这是什么意思呢? 就是说爱猫爱狗的人士不妨努力发声,呼吁更多支持,要求人大代表提案,立法禁食狗肉。法案一颁布,吃猫吃狗就成了违法行为,而运输猫狗给餐厅类似于贩卖毒品,都是违法行为。狗肉餐厅只能存在于地下黑市。那时不需猫狗党人出马,他们只需要监控和举报,拦截狗车,检查地下狗肉餐厅这样的粗活自然交给国家工作人员执行——不妨叫"缉狗队"。

　　其实这样挺可怕的,不是吗?

　　很多知识分子看待社会上不同观念的冲突,他们很少从权利角度去分析事情曲直。他们纯粹从个人审美或情感认定谁善谁恶。爱护小狗的人就是善,吃小猫的人就是恶,如是而已。

　　有人想到了法律,他们观念中的法律却是国家法,可以根据力量博弈随意地创设"权利",消灭真实的权利。更洋气一点呢,他们从国外引进五花八门的学说或法律条文作为依据,判断事情的文明和野蛮,落后和进步。例如他们引用欧洲动物保护主义的法律说,给予动物必要的福利是文明的趋势。这当然是没有任何说服力的。某种观念是否靠谱不是靠人多人少来决定,而是看它是否逻辑自洽,是否会引发严重的后果。动物保护主义(动物福利主义)的本质是将动物从人类的财产范畴里剥离出来,创设一种新的"权利"。这种权利不是基于自然法,而是基于少数人的要挟。如果少数人可以根据偏好设立"猫狗权",那么另外一群人也可以要求设立"猪羊权",将审美偏好的分歧制造成真实利益冲突,使国家权力大幅扩张,这正是最可怕的后果。

最后希望猫狗党人们不要再去高速拦狗,到餐厅抢狗,因为那是歹徒行径,是作恶,在当下可能被法律制裁。也请那些诉诸制定猫狗法律的人们放弃诉求。一种行为是否侵犯私人财产,不会因为执行者是私人还是政府人员而有所区别,也不会因为一纸加盖橡皮章的文书就变得正义凛然。另外希望你们了解,一个社会的文明程度,一个人是否有教养,不是体现在爱护小猫小狗这些看起来很温柔的事情上,而是尊重个人权利。

(by@菁城子)

美国木材危机

美国是世界上木材采伐量最大的国家,消费和出口量均居世界前列,很少美国人会担心本国木材会被采伐殆尽。一百年前却并非如此。19世纪末20世纪初的美国曾经历过一场"木材危机",木材短缺引发的恐慌远比70年后"石油危机"严重得多。事实证明,美国没有像末日预言家所说的那样,"木材供应即将终结",一切安然无恙。

美国内战结束之后,美国经济进入高速增长时期,上下洋溢着乐观的情绪。可以理解,美国地理得天独厚,西部拥有大片广袤的未开发领土,源源不断的移民提供了丰富劳动力。资源也不是问题,铁矿石源源不尽,阿巴拉契亚山脉的煤矿至少还够开发500年。木材资源更不用说,大平原和西部拥有广袤的森林,即便在东部山区,木材供应还很充足。村庄和市镇的首选建筑材料都是木材。家庭燃料几乎很少用煤,美国人的壁炉设计得比欧洲家庭宽大,耗费燃料更多。铁路建设消耗了全美木材产量的四分之一,大量木材被用作铁轨枕木,并且还要定期更新。在其他领域,轮船和码头建造,道路铺设、桥梁涵洞、电线架设,木材被广泛应用。

木材生长速度远远跟不上消耗,不过美国人似乎"鼠目寸光",不担心森林耗竭,大手大脚随处可见。伐木工人使用一种叶片厚,齿间距大的电锯,运转速度快,作业效率高,很大部分木材却被锯成锯末。欧洲建筑多使用金属沙石,美国人使用木材却到了奢侈的程度。铁轨枕木很少风干,腐烂特别快,每年有接近20%的枕木要换。没有人想过节约木材。

进入 20 世纪，关于"木材耗竭"的担心越来越普遍：木材在生活中如此重要，一旦供应断绝，美国人应该怎么办？报纸标题总是充斥着这种担心，一场"林木饥饿"正在逼近。甚至有人宣布：按照当前速度，森林在十年之后将被全部砍光——就像后来的"石油预言"一样。

最先感受到变化并试图改变的人，不是环保主义者，而是铁路公司。动机也并非良心发现或环保理念，而是自身利益。铁路公司作为木材消耗大户，对价格最为敏感，他们通常拥有自己的林场。不过造林周期太长，远水救不得近火，他们将成本控制转向其他领域，节约木材和提高使用率。适当风干可以提高木材强度，减少腐烂，延长枕木的使用寿命；此前因成本过高而无法推广的木材防腐技术有了用武之地；在特定地段使用特别的枕木，例如坚硬的栎木适用于陡坡、急转弯和运输繁忙地区。伐木不再大手大脚，新的锯木齿效率更高，也更节约木材；被弃置不用的边角料被做成木板。和此前的铺张浪费相比，铁路公司无论从枕木到站台，都节约了不少木材。

这个时期建筑风格有了微妙变化。相比于简单轻便的木质建筑，笨重的混凝土显得不够"美国风味"，但它有几个好处：承重好，适宜大型建筑；材料便宜。人们不再总是追求大尺寸的原木，加工木板也得到普及。道路桥梁的木质部分也纷纷被钢铁取代，木质车身的汽车也逐渐退出历史舞台，让位给金属汽车。美国人发现，经济发展并不必然带来木材更多消耗，价格上涨之后，人们变得珍惜木材。

到 20 世纪 20 年代，美国社会"木材短缺"的恐慌消失了。金属和混凝土横空出世，引领美国工业继续高歌猛进。它们的交替出现不是偶然，而是市场演进的必然趋势。任何资源都有替代性，人们会根据成本和效率作出决定，它的信号就是价格。一项资源价格过高，效率一定是低下的。价格波动激励着人们开发更新更好的资源。

美国人所表现的"大手大脚"，实际上也是在资源之间作出取舍。在经济发展中，时间和人力都是成本，在原材料方面精打细算，往往要耗费更多人力成本，耽误时间。一位 19 世纪 70 年代初访美的英国人曾说:"美国的木材加工从制造到成品无处不浪费,这种浪费完全可以说是犯罪。"实际上并非欧洲人勤俭节约,而是欧洲地少人多,劳动力价格便宜,木材却十分珍贵,美国则刚好相反。当木材价格上升,美国人也变得和欧洲人毫无二致了。

市场规律在行为指引方面所起的作用,远胜于环保说教。很多人则诉诸权力,希望政府保护资源。这种做法的恶果是阻断市场调节机制,减少了技术进步动力。美国的幸运就在于,当时美国人拥有大量私人林地,能自主处分财产,较少受到政府干预。当各项政策颁布下来,美国人已经依靠市场机制度过了危机。

(by@菁城子)

《黑客帝国》与环保主义

中秋节回家路上,看了一部老电影《黑客帝国》,里面的一段台词令我印象深刻:"你们生存的唯一方法,就是侵占别处,世界上只有另一种生物才会这么做,你知道是什么吗?是病毒。人类是种疾病,你们是地球的癌症和瘟疫。"

这段台词表达的是极端的环保主义思想,人类被视为地球的癌症。科幻电影反映环保主义思想并不少见,如今年引进的美国大片《环太平洋》,故事讲述由于人类的疯狂发展导致地球环境恶化,于是怪物出现报复人类。

环保主义者反对工业化、反对城市化、反对全球化,支持原生态、有机农业,把地球视为比人类更为重要的目的。他们反对人类中心主义,赞同的是地球中心主义。环保主义者常常忧虑人类的过度发展,不顾对于地球生态的影响。

事实上环保问题大都不算是问题,因为环保实际上是个产权的问题,清晰的私有产权下,谁的地盘谁做主,所谓的环保问题根本就不存在。只有在产权模糊的情况下才会有公地悲剧,才会出现环保问题。界定清楚产权是解决环保问题的有效方法。

环保主义者还指责人们过度开发地球上的自然资源,认为这样的发展方式难以持续。如上所述,资源问题首先是产权问题,有了明晰的产权,资源会有价格,市场与价格会合理调节人们对于资源的开发利用。再说了,生活水平的高低,取决于人均资本的多寡,而非人均资源的多寡。环保主义者担忧的问题,自由市场几乎都能解决。

环保主义者给出的解决方案,恰恰是有害于人类的。比如,敌视工业化城市化全球化导致的是人类生活水平的倒退。又如,环保组织绿色和平一直致力于反对转基因,提倡有机农业,可这导致的是粮食产量低价格高。

环保主义作为个人的生活理念,旁人并无权干涉,人们尊重他们的生活方式。可怕的是,环保主义者自己却不宽容,他们把自己的生活理念视为唯一合理的生活理念,欲强加给所有的人。环保主义已然成了一种意识形态,甚至可以说成了一种宗教信仰。

西方一些发达国家的环保主义者,经常要求政府通过立法管各种环保问题。有环保主义者成立专门的政党——绿党,直接参与政治过程。更有甚者,一些环保主义者走上了恐怖主义的道路。为达目的不惜任何手段,他们采取暴力的方式宣传自己的环保主义理念,"在前线,直接行动然后得到结果"是其口号。据统计,环保主义的暴力犯罪每年在美国发生三百多起。美国著名的环保组织"地球解放阵线",仅因为把房子建在天然的桃园上,直接就把人家的房子给烧了。

现代文明的确存在种种弊端,但环保主义者却根本开错了药方。虽然他们拍摄科幻电影大都非常精彩。

(by@喻涛 1991)

粮食安全靠什么保障

中国 13 亿人口的巨大体量经常让计划经济者忧心忡忡，最常见的问题是"谁来养活中国"。最近《中国经济周刊》又将这个忧虑抛了出来，重复"中国用占世界不足 9％的耕地，养活世界近 1/5 的人"老调的同时，还引用粮食专家的话称：上海的粮食自给能力大约为 10％，近 90％要靠外省调入；浙江只能自给 1/3，其他 2/3 主要依靠黑龙江、江西、安徽三个省份供给；北京、天津、广东、福建等省份均不能自足。"

这几话正好展示了"粮食安全恐慌"有多么可笑。事实上，中国只要坚定地实行市场经济，众多人口反而是粮食安全最好的保障。

中国农民和耕地的绝对数量占世界前列，任何微小的制度和技术改进都能极大地提高粮食产量。改革开放前，由于错误的土地制度，中国人长期处于饥饿状态。当部分土地权利落实下来，几年之内就完全解决了吃饭问题。这种权利落实还很不充分，户籍和耕地制度将农民捆绑在产出低下的土地上，以至耕地抛荒的数据正在连年递增。如果放开土地市场管制，在适宜产粮的地区，大型粮场发育将起来，新技术得到推广，粮食产量增长仍有很大空间。中国农业竞争力长期低于农业国家，旧制度的束缚是很大原因。最近几年连续"对农补贴"则在加固这个坏制度，并且造就了大量粮界"硕鼠"。"产粮县"多是贫困县，产粮补贴通常很难落实到农民头上。正如《中国经济周刊》的报道所指出：国家每年给产粮县 8 千万补贴经过层层盘剥，到县时只剩 1 千万，到农民头上更是所剩无几。因此，解决粮食问题，首要任务是废除"18 亿亩耕地红线"，还地于农，让土地发挥更大的产出。

自由贸易是保障粮食安全的另一砝码。在一个国家内，粮食自由流通意味着高产粮区有更强动力精耕细作，提高产量。全国绝大多数地区从农业耕作中解放出来，从事工业和商业。很多大城市已经在逐步地"消灭"农业，并运用在其他产业上的优势，享受着丰富的粮食。上海的粮食自给能力大约为 10％，但是谁会认为上海将发生粮食危机呢？越是自由开放，粮食安全越有保障，这在国际粮食贸易中道理也一样。从 1992 年起，中国为适应加入世贸组织的要求，大幅降低了农产品关税，平均关税从 40％下降到 15％，粮食关税则降低至 11％。中国人吃饭并没有变得"不安全"，相反，消费者倒是有机会享受国外物美价廉的粮食，工业生产成本也相应降低。

去年全国进口粮食 7000 万吨（超过一半为进口大豆），创历史新高，国内粮食却创下"九连增"新纪录。抛开农业技术带来的粮产量提高，一个重要的原因是粮食补贴。通过高价收购、补贴的形式，阻碍民众享受国外低价粮食，一个恶果是造成大量浪费。5 月底发生在黑龙江的"中储粮大火"揭开了冰山一角。

最近几年，中国人开始走出国门，到海外种粮，有些甚至将海外产出的粮食运回中国售卖。这是非常令人欣喜的现象。只要开放人口和资本流动，农业并不是什么"弱势产业"，企业家会在全球范围内进行高回报的生产，不需要国家补贴。相反，如果国家为了粮食安全扶持补贴"出国种粮"，反而会将市场行为泛政治化，引起外国政府和民众的抵制。

很多人将"保障粮食安全"赋予过多的政治含义。他们认为，如果粮食不能自给自足，一旦外国突然"掐紧脖子"，将会造成可怕后果。这种"深挖洞，广积粮"的备战思维一旦推广开来，任何国际贸易都会变得令人不放心。越是自由开放，所有国家的经济都是"你中有我，我中有你"，国际环境将会越安全。最近几年，中国粮食进口从美国、澳大利亚等传统农业发达国家转向泰国、越南、巴基斯坦这样的新兴市场，谁又能"封锁"住呢？认识不到这一点，心态越不开放，眼中皆为敌国，中国民众则将失去太多福利。

（by@菁城子）

污染工厂背后没有文化冲突

《南方周末》邀请了一位诗人写了篇《炼油厂后面的文化冲突》。诗人评论家的笔法倒还算客气，不像常见时评家对环保问题的莽撞，只是表示了一种担忧，诗人认为中国传统文化追求的是一种人与自然的和谐共处，"天人合一""道法自然"，而西方具有悠久的征服自然的历史基因，这是污染类工厂不能忽视的文化冲突。该文结尾有这么一段匪夷所思的文字"就世界观来说，工业化及其意识形态在许多方面都已经过时了。如果本土由于1840年以来的自卑感，依然盲目膜拜某些已经过时的世界观继续重蹈覆辙，那么今日确定无疑的成果不过是在创造未来的不可知。"

我大概看懂了诗人要表达的意思，老话说"工欲善其事，必先利其器"，诗人显然没领悟，否则不至于用如此朦胧的文字表达观点。诗歌可能不需要逻辑，探讨问题最好还是把话说明白些。

环保主义是最隐蔽的恐怖组织，也是未来发展的最大阻力之一。这句话我曾多次在微博上重复过，因此非常有必要写篇文章说说环保的问题。我不妨也从文化的角度入手。

没有工业化大生产的古代中国，文人呼吸着郊外清新的空气，吟诗一首，田园牧歌，天人合一。这种感觉不稀奇，现在随便找个树林也能略有体会。深山老林氧气足，不奇怪。这背后不是诗情画意，是落后的生产力。文人的老婆在家煮饭，烟熏得四处都是。饭桌上的牛肉按现在的标准早就不能吃了，但这是家里这个月仅有的荤菜，热了又热勉强可以吃。前面两个孩子一个被室内烟熏死，另一个肺炎吃了两副中药也死了,第三个孩子也不知道能活多久。文人的老母亲还活着实属不易,但每天都要花5个时辰往家里挑水,之后半天要和儿媳一起砍柴。想把这美景留下来,只能找个村里的画匠随意涂抹,最终也是要烂。

地狱般的生活。古代的皇帝只能骑马,能享受到的东西不及如今一个网吧少年。至于抽水马桶,做梦吧。如果我们能诚实点,首先得承认,是现代工业文明给我们带来的美好生活。而文明的确离不开工业污染,这也不需要纠结。除非你下定了决心要回到大自然享受田园牧歌般的诗意生活。这倒也不是难以实现,但恐怕也就是拍几张破照片写几个文章矫情一番,真要送到深山里,哭都没人听。

既然现代文明生活无法避免工业污染,那么问题就是,如何更好安置这些污染工厂,将其对人类健康生活的影响降到最小。这就需要协调,与安置处附近居民的协调。举个通俗的例子,我们要享受美食,就得有个厨房,厨房必然产生油烟。所以,不是弱智都知道,除非条件所限,最好不要在卧室炒菜。这个地球就是全体人类的生活空间,那么要享受到现代文明,就得把工厂和居民区分离。这就涉及到了拆迁和赔偿问题。

有人要在你家附近建污染厂,你不答应是很合理的。工厂方面也做好了谈判准备,补偿选址地居民是必要的成本。居民可以派代表与工厂方面公开谈判,开诚布公地把污染程度以及安全范围等信息公开。而之所以屡次出现矛盾,问题就在于政府的强制性介入,一手包办隐瞒信息,这简直是对阴谋论爱好者国家人民的挑衅。到后面就算有权威专家出来科普都没人信了,差不多是说什么都没人信了。所以,问题恰恰是政府的自以为是造成的。如果工厂与居民能谈妥,成功引进企业,地方财政收入不说,也是解决当地就业的一项大好事。可以说本是三赢的局面,被决策者的愚蠢破坏。

谈崩了怎么办?没怎么办,这事情跟任何其他交易无本质区别。

谈崩了工厂方面只好换个地方,相信我,若不是当地权力决策者的跋扈愚蠢,谈成的概率很高,因为交易总是双赢的。这背后不需要哪来什么文化冲突。会交易是人与动物的重要区别之一。套用《教父》里的一句台词,我将提供他无法拒绝的条件。互惠互利,撕碎一切虚幻的文化。

说什么中国人与自然的相处有一种什么样的文化,扎根在血液里。真是危险的修辞,难保不会有人提出验血看看。每个地方都有每个地方的文化,通常都已经在地方习俗里表现得很明显了,比如说敬酒,有的地方是先干为敬,有的是被敬酒一方干了才为敬。这些都是文化差异。文化差异一直都是存在,但污染这个问题上扯什么文化冲突就是最没文化的表现。

很多人回忆起自己的老家,总情不自禁地怀念那条河。以前是那么清澈,如今五颜六色。这个问题也不算太复杂,这是公地悲剧外加比较优势的必然结果。也就是如果河流产权属于某个村的集体资产,那么村民会想办法去保护这条河。另外,就算这条河是属于某个村的,村民们如果觉得污染是发展必须付出的代价。就好像很多耕地的消失是好事,因为相比它的贫瘠,建房建厂经济效益更高。因为当地气候,土地规模以及肥沃程度各不相同,不是所有耕地都适合种地。就好像这一块就是适合规划为厨房,睡觉的时候去卧室。

最后我来翻译诗人结尾那段话说的是什么意思吧。诗人说,就世界范围看,欧美很多发达国家都已经开始环保了,该迁徙的工厂都迁走了,如果中国人民因为被揍打有了阴影居然还在学习工业文化学人家已经抛弃了的东西,那么,在享受这些文明果实的时候不要忘了随时可能爆发的危险。

还是稀里糊涂。脑子混乱,用通俗的语言表述也还是混乱。欧洲环保主义者造的孽都在非洲土地上开花结果了。比如欧洲的环保恐怖分子硬说转基因有问题,宁可让非洲人饿死。生物燃料更是低效到环保主义者们不吭声。说起来就得是一本《理性乐观派》了。如果你能理解污染不过是人类享受文明必须支付的成本，那么污染的问题没那么玄乎。并且就整个地球而言，这点污染简直就是尘埃一般，集约化大生产的效率之高，反而空出许多大自然保护区。纯自然，野生动物会多到不打猎都不行的地步。

（by@吴主任）

失独者与计划生育

失独者就是失去了独生子女的父母。三十多年来的计划生育政策导致的失独家庭越来越多。人活了大半辈子,唯一的孩子死了。之前看过一个失独者群体的纪录片,不少失独者接受不了如此残酷的现实,搬到寺庙里念佛诵经才能活下去。

失独者去计生委要求赔偿。有人说,孩子都死了,钱有什么用呢。我想,如果可以换回孩子的命,他们宁愿倾家荡产吧。只是现在这些老人也要考虑到自己的养老送终问题。这其中不乏体制内的退休人士,按说退休金是够他们养老的。但我猜测是人总会为自己的悲惨处境找个罪魁祸首,或者纯粹就是为了不让自己那么痛苦,尽管一把年纪也要找点事做。

整件事最可悲的地方在于,这群失独者里有相当一部分人是支持计划生育的。有的年轻的时候为了体制内的饭碗忍痛舍弃本想拥有的第二胎,有的干脆就认为计生是应该的。就算如今孩子都死了,他们还是认为计生没错,年轻时响应了计划生育政策,为减少人口而做出了应有的贡献。如今悲剧发生,政府应该给补偿。

有人对我上面的说法表示愤慨,说他们也是无奈才放弃生二胎,生了,下岗了才是不负责任行为。失独者,大多是五六十年代出生的人。那时的市场处处充满机会,敢出来倒卖就能发财。现在很多成功的企业家不少是当初扔掉铁饭碗下海的人。发财有运气的成分暂且不论,但体制外养活自己问题不太大。只有认知的不足,并没有无奈的事实。无奈是绝路,离开了就没活路。显然事实并非如此。如果可以重来一次,我相信不少失独者会毫不犹豫辞掉工作选择多生。

计划生育政策剥夺了人最基本的生育权利,任何时候都是错的。失独者要求赔偿是政府为自己犯下的错再一次买单。时刻都应铭记的一个追问,政府哪来的钱?纳税人的钱。因此整个事件就变成,先是用所有人的钱成立屠婴机构计生委,让所有人都不得生二胎,现在继续再用所有人的钱去弥补当初花钱屠婴造的孽。比失独者更惨的,是这三十多年来那些因为生二胎而被计生委搞得家破人亡的家庭。人口专家杨支柱曾算过一笔账,说是一笔超巨额赔偿,根本补不过来。而那些被计生委弄死的妇女,谁说家属要钱了,谁来偿命?

今天,体制内的人仍无法生二胎,对想要二胎的人来说,同样面临选择:体制内的工作还是生二胎。虽然计划生育尚在,但体制外单位一般不管这些,个人要面对的是计生委,最不济罚点钱,办法要多得很。更何况如今计生委的名声已经很臭了。不管是选择丁克还是想要更多的孩子,认清计划生育政策的灭绝人性应该是全人类的共识。

(by@吴主任)

可再生能源的幻觉

每天有多少汽油在燃烧啊,肯定有用完的一天吧。加上环保主义者的煽乎,一些知识分子就忧心忡忡。鸡贼的商人则抓住了这样一个机会,把可再生的概念炒翻天,骗取政府补贴。可再生能源变得炙手可热,听起来是一种永不枯竭的能源。光伏炒了有好几年,只是雷声大雨点小。光伏太阳能之类的企业都经不起考验,那么厉害何须政府扶持?目前地球上的可再生能源企业几乎都要靠政府补贴才能存活。

先看生物燃料。2004~2007 年,世界玉米收成增加了 5100 万吨,但其中 5000 万吨变成了乙醇。穷人 70％的收入都是花在粮食上。美国车主为了加满自己的油箱,从穷人嘴里抢走了碳水化合物。而且这件事是绝大多数人都受损的结果。每一亩玉米或甘蔗,都需要拖拉机燃料、施肥、农药、卡车燃料和蒸馏燃料——最滑稽的是,种植燃料需要的燃料,在投入和产出量基本相同。而且生物燃料需要土地,大量的土地。这是对环保和可持续发展的双重羞辱。

假设仅用太阳能风能水能发电,满足当下人类能源需求,放置太阳能电池板和风车之余,能否种上粮食都是个问题。剩下多少土地可供人类居住?这时候就别想着森林了,早被砍伐殆尽。而如果是核电站,几百个大型的核电站就足够了吧。

油电混合车省油污染少,经常被美化。但是这种车成本高,显然是耗费了更多资源。再则有数据表明生产该车所需电池造成的污染是非常之巨大的。因此混合动力车不但不会减少污染,反而加大能源消耗。

中国北方有很多家庭被忽悠买了太阳能热水器。一个大概3000多，假如比这个价格便宜也是因为政府补贴厂家，为鼓励光伏企业。听起来特别诱人，享受热水再也不用花钱了。可实际情况是，随便买一个几百块钱的电热水器，一年洗热水澡的电费才多少？而且随时都可以洗。太阳能就娇贵了。阴天雪天霜冻天基本无能，买个这样的热水器跟买一个太阳能手电筒有什么区别？跟所有机器一样，到一定年限都是要坏。因此购买太阳能热水器的实际的结果是，花了更多的钱享受到的，是更差的热水体验。

政府补贴搞类似光伏能源这种事，是错误认知以及体制内外官商勾结忽悠骗钱的结果。当然，跟国际上活跃的环保恐怖分子的各种活动也是有关系的。同时，各国政府都一个货色，不放过任何能展现它关心人民未来命运的机会。花纳税人的钱，贩卖安全感和超能力，何乐而不为呢。而且政府不像私企，即使认识到错误也能硬撑（花的都是纳税人的钱）。而私人企业投资错误，纠正速度是极快的，且多坏的结果损失的也是企业家自己的钱。没有政府补贴，不可能有私人企业会搞这种低效的光伏产业。

人类对化石燃料耗尽的焦虑从发现这些能源的第一天就有了。可谓极其漫长的悲观史。1914年，美国矿务局预测，本国的石油储量只能维持10年。1939年，内政部说，美国的石油能持续13年。20世纪70年代，吉米·卡特总统宣布："下一个10年结束之时，我们会把全世界所有探明的石油储量用完。"——要知道，中国这个巨大的能量消耗国那时还未改革开放。新近发现的页岩气，把美国天然气的资源翻了一番，预计能用上300多年。短期内基本告别能源危机。有兴趣的人可以去搜索进一步了解。

石油、煤和天然气理论上是有限的，会有用完的一天，但就目前的情况看，再用数百年不是问题。随着开发技术的提高，开发成本的降低，这一时间也必将延迟。各种可再生能源的成本目前还很高昂，但不排除随着技术发展，能有极其高效的太阳能或者其他什么高效能源出现。而且相关的行业，诸如能源汽车的股东比谁都更关心这个问题。另外，价格的信号比任何盲目的担忧靠谱。在远未耗尽前，价格就已经能告诉所有人，选择什么样的能源是划算的。

人总是有危机感的，这不是坏事。但我认为仅限于个人以及家庭显得正常。这个地球会如何你真的不需要关心，你也关心不来。除了被忽悠变傻，没别的。

(by@吴主任)

你的东西不存在浪费

剩菜剩饭，有人吃了有人倒了。这种事，一般不会太刺激到好事之徒。因为他们自己也经常倒掉。暴发户一掷千金，一餐花掉几十万的新闻一出，有些人的嫉妒之火就开始燃烧，认为这是一种极大的浪费，这些钱如果捐给希望小学，这些钱如果资助贫困儿童。想到这一餐可能够付第一套房首付，就差没说这些钱如果给他自己。

如何花钱算浪费？没有答案。同样收入，有人省吃俭用，有人挣多少花多少。有人倾向于买更多的电子产品，手机一部接着一部，有人更喜欢最新款的包包皮鞋。家里的鞋子都够开店。例子永远举不完。怎么花自己的钱，自己为此负责，本以为并不难理解。但前阵子光盘行动的推出，附议者众，各有关部门掀起了杜绝浪费的小高潮。

嫉妒是一个因素吧，谁人不曾嫉妒。但这背后比较值得探讨的依然是认知上的错误。这种对资源的错误理解导致了许许多多谬论的横行。

类似支持计划生育的蠢思路，资源是全社会的，某人的浪费就是影响了全体人的福利（超生剥夺了他的生存空间）。好像社会中存在恒定不变的物资，某人并无实际需要而大批购买并将其糟蹋，导致了该物品的短缺。属恶行。这与囤积居奇一直以来遭受诟病是一脉相承的。除食税一族（体制内人员）所有人的购买能力都是自己努力赚到的，或者是有幸继承了意外之财。怎么花都是自己的事儿。资源从来都不是全社会的，公有制的悲剧社会主义国家都发生过，朝鲜还在靠着外界施舍以及必然存在的黑市苦苦支撑——以饿死人的代价。

试着理清一下纯粹公有制是一个什么样的世界。全民所有，那就是每一件物品属于全民。理论上，每一次的使用都必须征求全民的一致同意。这个世界还能正常运转吗？所谓授权掌管都是强词夺理。国企也号称全民所有，实际情况你们懂的，谁分到中石化一丁点红利了？漏洞百出的全民所有就是权力者所有，其余闲杂人等都没有。

避免这种低级的愚蠢，并且能在许多问题上一通百通，只需要记得，资源都是动态的资源，在私有产权得到保障的情况下，随着人们的各种复杂需求而协调变动。更多的人需要某款皮鞋，就会有更多的该款皮鞋，也会让每个人都更容易买到鞋。同理，柯达倒闭了，胶卷这东西也就逐渐边缘化近乎消失。生产胶卷的材料要用到更有市场的地方去。

有人说，提倡杜绝浪费，至少可用来约束三公消费吧。让官员不能再大吃大喝。别天真了。监督还需要再养一群土狗呢。避开这些政策不过是让消费变得稍微麻烦一点而已，现在敢公开戴好表的官员变少了又能说明什么问题？什么都没变。办法多得是。限制权力不如直接减少权力。废掉发改委，还哪来的刘铁男以及一长串的贪污腐败行为？

节俭是美德，储蓄也是经济增长的根基，说消费来带动经济的都是胡扯。因此，提倡节俭也无妨。但若是搞成全民运动就是癫狂了。且于个人而言，还是那句话，我的钱我做主，怎么花都不算浪费。

（by@吴主任）

可持续发展是个极糟糕的口号

整个中学阶段,政治课留给我印象最深的是可持续发展。生产关系生产力这种词太抽象,当时我根本听不懂。但可持续发展好懂,想必对很多人也是如此。所以,从这一点也就不难理解,为什么计划经济的残余以及各种与计划经济相关的变异体都深深扎根在现代社会。比如计划生育,比如环保主义。

说到底都是源于对资源枯竭的恐慌。地球作为人类目前唯一可生存的环境,任何一个带有头衔的权威出来说点危言耸听的话,都是一个热点话题。这种悲观倾向从有人类开始就有,现代社会各种利益交错更是变本加厉。而类似的谬论有巨大市场,就是因为很多人的确没有深入思考过这些问题。直觉上,全局计划的思路是很赞的,公平公正还很仁慈。然而,环保主义变成一种时尚可能是人类这个群体所干过的最愚蠢的一件事。这其中以中国的计划生育政策最为残暴。

是的,计划生育的思路就是环保主义的思路,是重要分支。只是很多赶时髦的环保主义者自身并未意识到这一点。计划生育政策的出发点就是人多资源有限,不计划地球要完蛋。因此你会发现身边的不少人通常会这么回答:虽然计划生育有点残忍,但是如何如何;计划生育的出发点是好的,只是执行的时候太过野蛮⋯⋯等等诸如此类的回答,无不是在根子上无法理解人口与资源的关系。

资源若是离开了人,就什么也不是了。人类如今享有的这一切都是人开发出来的,石油并不是突然就冒出来的,你的衣食住行相关的物质生产都是人生产的,就算是机器人也是人发明制造的。石油已经在地球上存在很久了,在它的价值未被人类发现之前,它们就是黑油废油,那时候人们需要的是能有助于农作物生产的肥沃土地,这种产油的土地简直就是垃圾不如,着实给农耕时代的土人带来不少烦恼。

想象一下石器时代的人群中有那么一两个爱思考的笨蛋,突破性地提出了"可持续发展战略"提议族群的人要为子孙后代留下足够多的石头。其他笨蛋听完,看了看周边的石头也是责任感油然而生。或许当时也发起过一些节约用石头的活动。这个设想的场景现代人想想就觉得无厘头,但其实现代的"可持续发展"本质上与之相差不大。

"可持续发展"打着为子孙后代着想的感人口号,几乎充当着如今大部分邪恶政策的挡箭牌。谁敢反对那就是自私的不道德的。"可持续发展"这五个字最糟糕的地方在于,它的大行其道是在润物细无声地侵蚀着私有财产的意识。也就是,赞同这种说法的人,脑子里不自觉地把私有财产权弱化甚至在思考许多问题的时候将之丢弃,来一句:但是……

也就是说,要不要可持续发展是每个人每个家庭自己的事。有的人赚多少花多少,有的人省吃俭用为自己的子女留下丰厚财富,每个人的行为都千差万别,但是只要是自己劳动所得,怎么花都是每个人自己的事。因此,从担忧资源枯竭的角度支持计生,就应该支持对人类的一切消耗行为进行公平计划。有人养条狗每年花的钱(也就是消耗的资源)都够一般家庭养三个小孩了,是不是应该禁止他们养狗?有人省吃俭用,有人奢侈无度,每个人实际消费能力都不一样,支持计划生育就必须支持统一控制消费额度。而这么一来,支持计划生育的人就傻眼了,可能还会来个"但是……"

"可持续发展"的提出是冲淡了私有财产权的神圣,仿佛资源是公有的,或者说这句话在不断暗示,资源理应共有才是社会健康发展的保证。公有制导致的悲剧我无需重复,前苏联、朝鲜以及改革开放前的中国都是活生生的例子。因此,世界各地的势力比较大的环保主义基本被等同于恐怖主义也就一点不奇怪,因为他们的出发点是,这个世界的资源是共有的,这就必然侵犯到个人的财产权。

再进一步,如今所谓低碳生活也只是换了个包装而已。低碳生活高碳生活节约不节约那都是个人的事,如果自来水是免费的,天天大喇叭提倡节约用水都没用。免费的就别指望每个人都会珍惜。免费的必然被过度消耗。免费的东西都值得警惕,多想想背后谁在买单。

个人在生活中例行节约节制是很值得称道的品行,毕竟奢侈浪费是要花钱的,但始终是个人一种生活方式的选择。但赶时髦成为一个环保主义者就仿佛给自己戴上一个蠢货的帽子而不自知。倒也不必去了解环保跟环保主义的区别,环保主义者都是一群歪曲盗用生造名词的高手。总是以满满全是爱的口吻含泪警告,比如煽呼全球变暖,比如抵制转基因,比如高喊人太多资源枯竭……作为个体,只需要知道私有产权不可侵犯,有兴致倒也可顺便回一句,关我屁事。或者,老子自己的钱怎么花(钱是用来换取资源的),关你屁事。

(by@吴主任)

美国禁毒战争为什么失败

对于很多我们厌恶的事情,政府禁令通常被认为是必要和有效的。譬如禁止盗窃,禁止杀人。不过在很多领域,禁令则充满了争议性,例如卖淫嫖娼、赌博、童工、同性恋这些现象,各国做法就会有很大不同。在一些保守的中东国家,借贷收取利息都是犯罪行为;而在一些欧洲国家和美国部分州,吸食软性毒品——大麻甚至已经合法化。为什么一些法律会形成高度重合,为什么有些却大相径庭?

我们经常得到笼统的回答:国情不同。这种聊胜于无的回答显然不能让人满意。求助于法哲学上关于"正义"和"非正义"的判断又太抽象,那不妨看看经济学界怎么说?经济学是一门研究人的行为目的—手段—结果的科学。如果卖淫、赌博、童工是让人讨厌的,政府禁令能彻底消灭这些现象吗?如果不能,那是使情况变好还是变坏呢?

谁在迫害妓女

现今这个时代的媒体环境已相对宽松,谁的权利受侵害,有什么不满,总是可以公开说说。有一个职业不是这样——妓女。妓女是世界上被谋杀率最高的职业之一。据调查,大部分职业妓女都遭受过暴力袭击,甚至是抢劫和强奸。有暴力倾向的人通常会选择妓女作为行凶对象,因为她们弱小,无助,向她们倾泻暴力没有什么"负罪感"。妓女受委屈通常选择忍着,说了也没人关心,因为对方心里可能骂一句:活该!对妓女的蔑视、凌辱似乎是加诸农民身上的风吹雨打。她们被殴打、敲诈甚至杀害,就像自然归宿,就像轮船触到暗礁,水手葬身海底。

为什么众人的眼光如此冷酷无情?仅仅因为她们做的是皮肉生意,就和猪狗一样不值得谈人权保障吗?有些小清新会把猫狗当成宝贝,对于妓女则轻蔑地视为"贱货"。

如果妓女境遇和这些冷眼旁观者们完全无关,那她们确实求仁得仁。问题是,旁观者通常也支持禁娼。他们厌恶妓女,巴不得政府把妓女扫得干干净净才好。支持禁娼的人通常说:干点什么不好,还会饿死人么,为什么要做伤风败俗的勾当?政府不让出来卖,正好可以迫使她们改行当啊,何必去受那份罪?

这就是禁娼法律的民意基础。

事实上正是禁娼政策把妓女推向糟糕的境遇。禁娼不会消灭妓女,不管是因为贫穷还是其他原因,有些女性就会选择这项职业。禁娼使她们的职业成为非法,警察因此成为掠食者。凡有"扫黄"活动,妓女只得关门歇业，还可能被拘禁罚款，甚至会遭受警察殴打。黑社会将接管"保护"妓女的务务。他们确实能够清理一些流氓嫖客的骚扰。在大多数时候，这些人同时向妓女敲诈勒索。由于妓女职业不合法，她们的权利得不到保障。

性是人类最基本的需求，有需求就会有交易。卖淫是人类最古老的职业之一，然而现在却是高危行业。政府管制会将一切正当行业推向混乱和犯罪，那些提供服务的人们会陷入险境。在政府严厉管制食盐交易的时代，私盐贩子是冒着杀头的风险在从事这行当。

保护妓女权益，首先要推动性交易非罪化，其次是承认性交易行业的合法地位，妓院应被视为普通营业场所，皮条客只是职业经纪人。很多人视妓院和皮条客为寄生虫，附在妓女身上吸血，这忽略了他们所起的作用。妓院提供经营场所，使得妓女有稳定客源，嫖客也不再那么具有危险性。妓院起着雇佣者同时是保险人的地位，皮条客是和明星经纪人差不多的职业。

好妓女不一定色艺双绝，健康安全却是最起码的要求。妓院会要求妓女定期检查身体，防治疾病。妓女也有同样需求，出来卖又不是玩命，谁都不想年老色衰落下一身毛病。对于嫖客，安全的重要性不言而喻。禁娼的一个理由是性交易传播疾病。事实上正是禁娼政策使地下妓女的健康得不到保障。

很多人担心妓院和皮条客会成为新形式的"黑社会"，对妓女们敲骨吸髓。请注意，"黑社会"形成的重要原因是妓女不合法，投告无门。在妓女合法化的时代，妓女和他们是平等的契约关系。有任何形式的敲诈勒索和人身侵害，妓女都可以正当地向警察报案，以刑事罪名起诉。妓院和皮条客只是提供服务，而不能有超越契约的举动。当然，根据市场行情不同，有时大妓院会显得强势一些，有时头牌妓女会更有主动权，和现今的明星市场一个道理。

当然，不是所有性交易者都愿意做职业妓女或者雇佣皮条客，那就有流莺了。

很多人看到这样的立论觉得不可思议。事实上在历史上的很长时期,妓院和皮条客都是合法的存在。这和道德高下无关,只是人权受保障下的自然衍化。今天的法律全面禁娼,并不能消灭妓女现象,而是在迫害妓女。禁娼主义者不愿意承认这一点,他们总是将性交易视为肮脏堕落,道德败坏。这不应该是自由主义者的道德观。自由主义者应该将捍卫身体和财产权利视为至高无上的道德。自愿性交易并不侵犯任何人的权利,旁人或许可以感到不舒服,那只是个人偏好,但是不应该主张侵犯她们。很多女权主义者声称"捍卫妇女权益"却主张禁娼,这只能说明她们口是心非,已将这些女性视为堕落者,欲扫除而后快。

（by@菁城子）

起了恻隐，然后呢？

曾经，有知名公知在某学校演讲上提到，你们每消费一样东西，非洲的童工就要为此多付出几个小时的工作（大意）。紧接着这位公知无不煽情地呼吁大家不要购买相关产品。真是令人感动。想到这个世界上还有很多儿童必须工作，的确乐观不起来。主观愿望是好的——插一句，我不保守地认为，这帮喜欢瞎煽情的知识分子哪真的关心非洲儿童了，标榜爱心笼络粉丝是第一位——动机揣测只是实在不想掩饰我对这些人的鄙夷。真实的动机没人知道，也不重要。

平心而论，除非不得已，父母不会让孩子挣钱养家糊口。有不负责任的父母，那么孩子就更应该尽早学会谋生手段。总之，环境所迫，孩子们需要一份工作。如果说呼吁不消费童工产品基本只是一个表演多于实质的动作，那么立法禁止童工就是把孩子往死路上逼了。现状是令人遗憾的，许多国家都禁止童工，使得不少企业只能非法雇佣，这对童工是非常没有保障的。禁止童工会让童工数量减少，但并不能改变孩子需要工作的事实。眼不见为净，童工少了，文明的人们踏实了，垃圾堆里多出了几具儿童尸体。

在一个童工合法的社会，企业在雇人的时候比所有旁观者都要精明。别人只是随口说说，他们是要衡量值不值得，儿童老人干不了的重活，再廉价企业也会慎重。童工有可能不仅无法有效完成工作，出了事，赔偿是个大问题。那些我们所知道的童工从事极其恶劣的工作，大多数是文学作品和低素质记者的渲染，还有非法导致的必然结果。

有一种童工不仅他们的父母从未受过谴责,相反,头顶上全是由其他父母羡慕嫉妒恨所铸就的光环。这里说的就是童星。去体操队杂技团里看看吧,孩子们每天过得都是什么非人的日子。鬼才相信孩子们都是自愿的,多数是他妈逼的。

街头行乞只不过是童工所从事工作的一个工种,一种选择。热心肠的人会问,可哪怕是让孩子干点别的也好,即使孩子不得不付出劳动。这就由不得外人来干涉了,这么下去妓女是不是也都应该强制打发到鞋厂显得更有尊严?孩子小,父母利用孩子乞讨,剥夺其监护人资格。孩子同意了吗?谁来接手?政府?政府如果可以搞定又怎么会有该现象存在?

私人慈善机构的帮助当然是非常好的一件事,而且我相信有不错的慈善机构一直在帮助困难儿童。显然,并不能帮到所有困难儿童。这是客观现实,并不以人的煽情为转移。悲悯之心上涌,可做的事情很多,直接捐钱或去做义工都是提供实质的帮助。但若只是安抚自己的良心不安,呼吁立法禁止童工就不只是愚蠢了。

(by@吴主任)

贿赂的真相

谭咏麟主演过一部电影《假如我是真的》,讲的是计划经济时代的知青故事。有一段情节是很多中国人熟悉的。知青李小璋为了返城,不惜节衣缩食,给农场小头目买茅台酒。一个农场小头目,村队干部手握关乎他人祸福生死的权柄。为了讨得一点点自由,就要送礼陪笑,出卖尊严。这个时候谁还会谴责知青"行贿"?

今天看到媒体曝光的万泽地产送礼清单,这是我的第一联想。这份长达 10 页的匿名信公布了深圳万泽地产从 2008 年中秋节至今,向北京深圳多部门官员送礼的报表与执行清单。从住建委处长到区政府秘书、交管局长到国税科长,甚至街道办事处的副主任和小科长都在其列。阎王老爷,无名小鬼,不一而足。曝光者的本意是揭露地产商勾结官员的罪恶,从另一面也显示出,严密的政府管制下,官员获利之肥,地产商生存之艰。

2002 年国土资源部颁布实施《招标拍卖挂牌出让国有土地使用权规定》,正式实行城市建设用地"招拍挂"。在此之前,房产商获得土地可以从国企和单位协议出让。从长期看,这是土地转向自由流转和促进国企削弱的途径。对"暗箱操作"的抨击促使政府伸出大手管一管,权责独缆。实行"招拍挂"制度后,流转土地、流转主体和竞拍者,都必须经过审批。政府成了土地市场唯一供给方。这是最近十多年房地产价格暴涨,地产官员腐败频发的主要原因。在相对自由的土地流转市场上,地产商有很多选择余地。当面对唯一"卖家"(同时是裁判者),腐败横行就不足为奇了。

2000年以后，政府推行保障房和廉租房有扩大覆盖之势。很多原本可以通过市场购房的人转向追逐这类"廉价房"。他们托关系、伪造收入证明，大量官员近水楼台先得月。全国各地实行"限购""限婚"，户籍和民政部门也能从中分羹。他们制造了大量买房障碍，也获得不少好处。受害的不只是房地产商，还有购房者。

近期北京住建委表态，将严厉推行房地产限价，新房售价不得高于上一期项目售价，不得高于周边二手房价。可以想见，房地产商要面临新一拨的执法者。他们可能是住建局官员，物价局科长。甚至街道一个小小的稽查员他们都惹不起。惹不起，哄得起，花钱送礼养着。

虽然现行刑法将"行贿"作为严厉犯罪进行处罚，但是对于"行贿"和"受贿"所起的作用，我们应该有明晰的分辩。官员受贿是利用手中权柄大肆渔利，他们背后是冰冷严密的管制措施。没有政府管制，就不会有腐败。房地产商给官员行贿送礼付出额外的成本，是在花钱赎买交易机会。这是他们的"防卫成本"。从这个角度看，房地产商和购房者一样，都是受害者。至于很多人所称的，房地产商给政府行贿，很可能是为了干掉竞争对手。攻击性行贿得逞的根本原因，还在于政府手上有这权力。从万泽地产送礼清单看，无法确知哪一笔行贿的具体用途。对于这些灰色交易的真正受益者，我们应该有清醒的认识。

（by@菁城子）

拒绝处女座的代价

就业形势严峻的今年,有些大学毕业生遭遇到奇葩的事儿,他们因为自己是处女座而被一些公司拒绝。处女座的人不免感到气愤,而更多并非处女座的人也义愤填膺于公司对处女座的歧视。

从科学的角度看,星座确实属于伪科学,里面的一些东西自然当不得真。至于为何总是有那么多人觉得星座准,那是因为星座描述使用的词汇常常宽泛模糊,谁都能靠上一点,这在心理学上被称为巴纳姆效应。

所以说,星座也就只能拿来作为谈资,以供消遣娱乐之用,你要是当真,那你就迷信了。那么,企业在招聘的时候,能不能就是不处女座等星座的人呢?

答案当然是肯定的,企业可以不招任何星座的人。尽管从科学上看,这样做很蠢很迷信。但是,人们有迷信的权利,也有蠢的自由。有人会说,这不是歧视处女座的人吗?

不错,这确实是歧视。可是,放眼望去,生活处处都存在着歧视。我们都喜欢美女,这难道不是对丑女的歧视吗?美女往往中意高富帅,这难道不是对我们穷屌丝的歧视吗?

就拿星座来讲,有些人谈恋爱的时候就是看重星座,讲求星座的合宜度,这难道不是对某些星座的人的歧视吗?拿就业来讲,有的公司招聘要求大学本科学历甚至名牌大学,这难道不是对没大学文凭的人的歧视吗?

说了这么多,究竟什么才算是歧视呢?"歧"是差别、不同,"视"

是对待,因而,歧视在经济学里的意思就是差别对待,本身并无褒贬含义。之所以会要差别对待,是因为资源总是稀缺的,所以人们要选择,选择意味着取舍,舍弃的就是被歧视的。从这个角度上看,选择与歧视是分不开的,有选择的存在就意味着有歧视的存在。

天下没有免费的午餐,选择总是有成本的,这等于说,歧视总是会有代价的。反歧视者常常指责的例子是,企业对同性恋者的歧视。设想一家 IT 公司拒绝了一位同性恋的求职,而这位同性恋是个计算机天才,这样歧视的代价就是公司放弃了一位天才。同理,公司不招处女座的人,很可能他们失去了录用许多优秀人才的机会。

(by@喻涛 1991)

我们有权歧视同性恋吗

5月17日是国际不再恐同日。世界卫生组织在1990年的这一天正式将"同性恋"从精神疾患的名单上剔除,同性恋非病理化得到国际医学界的正式承认。

根据学者的统计,同性恋群体占社会总人口比例的4%左右,保守估计,中国大约有3000万同性恋者。按照这个比例,我过去的同学里应该也是有同性恋的。但是小地方,不可能知道谁是。真正明确知道身边谁谁是同性恋还是来北京之后的事情。大部分同性恋都是公开的,身边的大部分人也都能接受他们。可见北京在包容性这一点上是配得上大城市这个称号的。

据个人生活经验,生活中关心同性恋问题的人不多。有时候回老家会故意抛出这个问题想听听他们的看法。得到的回复基本是,人爱就爱呗,关我们屁事。倒是某对知名演员夫妇扛起了反同性恋大旗,多次因"反同言论"引发了极大争议。

对同性恋的声援已经不少,我也不想多说什么。但也有必要先强调我的观点:不管同性异性,只要在双方自愿不伤害他人的情况下发生关系,任何人都无权干涉。这是一个非常基本的值得反复强调的常识。这相对好理解,真正值得一说的是,无权干涉不等于无权评论无权歧视。

现在的民间同志联盟有很多,经常以弱势群体的姿态出现。一有类似反同的激进言论,他们就会团结在一起要求对方必须道歉或撤掉相关文章(如果有的话)。仅仅是一种愤怒的反击,同志联盟的反应也很正常,并且有权利进行任何言论形式的声讨,但若因对方没有道歉而进行了实质性的侵犯骚扰,那就是侵权了。

　　诚实一点吧,厌恶某个人某个群体甚至某个种族都是不可避免的。一个人当然有权利觉得同性恋恶心,甚至发表十分过激的言论来表达自己的看法。有人歧视同性恋,有人歧视胖子,有人歧视福建人,有人歧视国安球迷等等,这都是一种偏好。而且这种歧视永远不会有消失的一天。同样,歧视者要为自己的偏好付出代价。说同性恋是犯罪的演员不仅会被同行瞧不起,可能也会因为面临同性恋的抵制而在事业上遭受损失;一个讨厌胖子的老板可能会因此错过一个胖但极其优秀的员工;一个非东北人不嫁的女子可能永远不懂福建人的好……

　　人的权利不应该有例外,不因肤色种族例外,也不应该因性取向而重新划分出一个特殊的群体进行保护赋予特权。李银河说吕丽萍的反同言论是"击穿了道德底线",吕丽萍认为同性恋是一种罪恶,这两者都属于言论自由范畴。对任何一方言论的干预,都是对个人权利的践踏。

　　建立在强迫基础上的包容和理解,就好像用抢过来的钱搞慈善一样可笑。

(by@吴主任)

要发票做什么？

　　税收不只是政府获取收入的一种手段，更是其干预经济的形式。尤其是在现代社会，几乎所有经济问题都会有人想到通过税收解决：贫富差距太大？对富人征收累进重税和遗产税。房价太高怎么办？征收房产税和交易税。马路上汽车太多也可以用税解决？是的，你购买汽车同时就已经交了一大笔税，以防止"汽车太多"。为了保护国内产业，政府会征收关税并伺机对市面上便宜的外国货征收"反倾销税"。在欧美一些国家，政府为了鼓励人们减肥，对含糖饮料和高热量食物征收了"肥胖税"。税收简直被视为无所不能的手段了。

　　如果你对这种"唯税主义"理论深信不疑，那就有必要阅读本节文章。通过对税收进行剖析，你会发现：几乎找不到一种可以称之为"良税"的东西。在近代国家发轫时期，税收通常被认为是"宪政"性的重要议题，因为它事关民众的财产安全和政府权力的扩张。现在这种"反税"思想衰落。征税，成了几乎所有政客都能动议，任何一级政府都在蠢蠢欲动的事情。这不得不说是一个悲哀。

韩国牛肉为什么贵

有山东威海的朋友对我说,当地韩国烤肉店十分有名。每到周末或节假日,会有很多韩国人拖家带口,到威海旅游。说是旅游,其实是为痛快吃顿好的,而牛肉则是首选。

韩国牛肉之贵全世界闻名,每斤牛肉通常在人民币200元左右。纵然韩国民众收入水平高(人均收入约为人民币每月1万元),面对如此高昂的牛肉价格,大部分民众都难有大快朵颐的机会。无怪些韩国人要飘洋过海,到邻国来享受这寻常的美餐。作为世界上工业最发达的国家之一,韩国人向全世界提供了廉价的汽车、手机、相机等数码产品,在饮食方面却如此窘迫,不免让人有些尴尬。

韩国的牛肉为什么那么贵?原因要归结到贸易保护政策。韩国曾是传统的农业国家,人多地少,农业缺乏竞争力。二战以后,韩国实行出口导向的经济政策,大量人口被吸引到城市。城市规模不断扩大,农村人口不断减少,韩国成为世界上屈指可数的工业强国。农业在国民经济中开始变得无足轻重。一些怠于身份转化的农民结成协会,疾声倡导"身土不二"的理念。所谓"身土不二",简单说就是"韩国人吃韩国水土生长出的食物"。这种民族主义的口号迎合了韩国人的民族狂热心理,当时的朴正熙政府为配合"新村运动",讨好农协势力,于是大力补贴农业,同时提高农产品进口关税。

韩国农业生产能力有限,又脱离世界农业贸易大圈,阿根廷的牛肉、美国的粮食、中国的蔬菜、东南亚的水果，这些都比韩国本土物美价廉，韩国民众均无福享受。据韩国贸易研究机构的统计发现，韩国的马铃薯、苹果、胡萝卜等农产品价格都属于世界最高水平。并且由于市场封闭，产品波动的幅动特别大，每遇台风、寒潮天气，价格则成倍上涨。

很多人说，韩国人奉行"身土不二"的民族精神，为提高本国农民收入水平，愿意作出消费上的牺牲。这种说法是将"韩国人"作为一个整体看了。每个国家内部都有不同的利益团体，韩农为保住自己的垄断地位，通过向政府施压，要求加大补贴，提高关税，这是以牺牲其他韩国人的利益为代价。如果绝大多数韩国人真的做到"身土不二"，只买韩国农产品，那就不需要没完没了的游行抗议了。事实是，每当韩国政府在外界压力下稍微放开牛肉市场，提高进口配额，韩国牛肉价格就会应声下跌。消费者嘴上把"身土不二"说得多么像一回事，可是一旦走入超市的时候，还是不自觉地选择又好又便宜的商品。

主张贸易保护的人们，通常强调本行业的特殊性。不是"稚嫩产业"，就是"民族工业"，或者"关乎国计民生"。说来说去，无非是强迫本国民众不得消费外国产品。"身土不二"的原则如果通行世界，后果是什么呢？麦当劳只能是美国餐饮，通心粉特供给意大利人，中国人吃不到东南亚水果。世界上绝大多数人的生活水平都会下降。将这一原则推行开来，衣食住行都使用国货，则相当于取消国际贸易，韩国人还能是一个工业国家吗？

近年以来，韩国民众要求放开进口的声音越来越大，国外也在敦促韩国放弃贸易保护。韩农的反应则越来越激烈。每当世贸会议讨论这一议题时，一些韩农就乘坐飞机跟随抗议（他们可不是什么弱势群体）。又是举牌，又是扔鸡蛋，有的不惜自杀。他们所要维护的，不过是继续牺牲其他国民利益的体制，还有政府对农业的特别保护。尽管如此，自由贸易的趋势不可避免。现在韩国进口牛肉占市场一半以上(疯牛病期间则骤减),其他大米蔬菜的进口也在缓慢提高。这些都有利于韩国民众福祉的改善,也有利于出口国的经济发展。考虑到远远高于国际水平的农产品价格,这种开放程度还远远不够。可以想见,如果完全放开农产品市场,韩国农业所占比重还将降低,民众将靠从工业所赚的钱,享受全世界廉价的农产品。

(by@菁城子)

美国蔬菜便宜,没啥好羡慕的

著名房地产商潘石屹跑美国转了一圈,惊叹美国超市的蔬菜水果都比中国便宜。然后,他在微博上向网友发问,这是为什么?美国政府对农业的补贴政策是其中的一大原因。

美国政府对农业的补贴政策,开始于大萧条时期的《农业调整法》,一直延续到现在。根据经合组织的统计,美国农民收入的三分之一来自政府的补贴,联邦政府每年补贴农业的总金额超过400亿美元。

美国政府如今的补贴模式是,先给农产品设定一个目标价格,这个价格一般高于市场价格。补贴政策的存在刺激了农产品的过量种植,过剩的农产品市场价格自然不会高。美国居民可以以较低的市场价格买到农产品,依照目标价格与市场价格之差,联邦政府补贴农民。

同样是政府对农业的补贴政策,日本导致的却是截然相反的结果。日本的农产品特别贵,比如一个哈密瓜可以卖到100美元,大米的价格大概是国际市场价格的8倍。日本农民收入的六成来自政府的补贴,日本政府每年补贴农业的金额高达4万亿日元。实际上,日本政府对农业的补贴,已经超过了农业的总产值。

除了给农业补贴,日本政府还对进口的农产品征收高额的关税,比如对大米的关税竟然达到了490%。高额的进口关税,阻挡了国际农产品对日本农产品的竞争。在日本政府的"不懈努力"下,日本的农产品价格一直维持在高位。获益的是日本农民,他们的平均收入是全体日本人平均收入的两倍。

美国与日本的农业补贴政策，花费的巨额资金都得由各自的老百姓负担。因而，美国人买的农产品价格低，仅仅只是名义价格低而已。日本人就更惨，不仅购买的农产品价格惊人，算上巨额的农业补贴花销，实际成本更高。

对农业进行补贴的国家不光是美国与日本，欧盟的成员国也是对农业补贴的大户。这些国家的政客们总是宣称，农业是如此重要而特殊，如果政府不对农业进行补贴，农业无法与其他产业进行竞争，农民的生活水平将会下降。有人甚至说，一个国家农业的竞争力，取决于这个国家对农业的补贴力度。

理论上说，农业与其他产业并没有区别，其他产业通过市场能繁荣起来，农业没道理偏离这个规律。新西兰废除农业补贴政策的良好效果，则从实践上证明了政客们论断的荒谬性。1984年之前，新西兰农民收入的30%来自政府补贴。这一年，执政的劳工党一次性废除了所有的农业补贴政策，新西兰的农业自此进入了完全的自由竞争状态。到现在，新西兰的农业总产值（去除通货膨胀影响后）增加了40%，而只有仅仅1%的农场倒闭。

问题是，这么简单的道理与事实，为什么各国政府却视而不见，对农业的补贴政策依然照旧？即便是世贸组织成立后，各国的农业保护政策还是获得了豁免。

因为与市场的逻辑不同，政治的逻辑讲的是"收益集中，成本分摊"。意思是说，少数人结成的利益集团有动力勾结政治家谋取政府补贴，因为补贴分下来每个人都能得不少，而买单的是所有纳税人，他们每个人承担的代价都不大，因而不会组织起来。所以，不用意外，事实就是美国农业补贴的大部分都流入了大农场主的手里。

(by@喻涛 1991)

瑞士为什么是"欧洲之光"

中国和瑞士的关税谈判最近有了结果,大部分商品将实行零关税。这真是令人兴奋的好消息。要知道,瑞士名列世界前 20 强(名列欧洲 6 强),而它和欧盟属于全面自由贸易。不妨想,或许将来中国的商品会在瑞士加工销售,绕过欧盟的原产地限制,撬开欧洲大陆市场。

欧洲经济位居世界前列,整体步调颇为一致,为何瑞士冒着欧洲贸易保护之大不韪,敢于接受"高规格、高水平"的零关税协议呢?要知道,在可查的中国外贸谈判表中,欧盟至今未列入议程;欧盟内部反对声音极大,尤其是法国和意大利一直对中欧接触忧心忡忡。最近两年,欧盟连续对中国提出多起贸易调查,双边经贸关系乌云密布。

为什么是瑞士?这个问题引起我极大兴趣。查阅资料发现,瑞士和欧盟虽然高度依存,但是龃龉不断,由来久矣。甚至可以说,这正好解释了瑞士成为欧洲最自由经济体的原因。

瑞士幅员狭小,人口只有 700 多万,但它却是跨国公司的欧洲总部聚集地。宝洁、通用、惠普、阿里巴巴、IBM、联想、Google,这些超级大公司的欧洲总部都选择落户瑞士。原因无它,低税而已。以企业所得税为例,联邦税率为 8.5%,州和地方各自确定税率。各州为了争夺纳税大户,纷纷开出税收优惠政策。总体而言,瑞士企业所得税率一般在 20%～30% 之间。这个数据低于欧盟国家 30%～40% 的水平。在一些州,由于种种优惠政策,税率会更低。例如楚格州的企业所得税率不足 10%，如果是主要业务在国外的跨国公司，甚至会降低到 6%。正因如此，仅有 11.5 万人口的楚格州就有超过 3 万家注册企业，绝大多数是跨国公司。个人所得税方面，包括联邦税在内，各州个税最低仅为 3.4%，最高为 27.4%。并且瑞士还规定了个人所得税的最高上限，即超过一定界限，不再采用累进税率，只缴纳最高限额。这个数据看起来不低，但是想想法国政府要对富豪征收 75% 的个人所得税，你就能理解为什么大批富豪会选择移民瑞士。

瑞士的低税政策引起了老欧洲国家的强烈不满。多年来他们一直批评瑞士采取"不公平"的财政政策，使得很多公司逃到瑞士，使得欧盟国家"税源损失"，同时造成"不公平竞争"。经合组织还把瑞士列入"避税天堂"的黑名单。瑞士政府在反击批评的同时，不得不作出一些让步。例如签订税收协定，帮助外国政府追缴漏税；提高奢侈品和富豪税的征税比率，缓和同其他国家的关系。另外，在美国政府压力下，瑞士冻结了一些政要或涉嫌恐怖活动的资金。尽管这损害了瑞士"避税天堂"的美誉，一切显得无可奈何。

就税率而言，整个欧洲大概只有爱尔兰和东欧一些后起之秀能与之媲美。尽管有所不足，瑞士依然是世界上最自由的经济体之一。瑞士和中国签订自由贸易协定，也就不足为奇。在暮气沉沉，破产恐慌不断的欧洲国家中，瑞士算得上是一缕明亮的光芒。中国和瑞士展开自由贸易，希望输入的不只是商品和服务，还有被反复验证的观念：低税促进繁荣。这是一条简洁的真理，值得所有国家的政府温习。

（by@菁城子）

忘了贸易顺差和逆差吧

自由贸易是经济学领域被雕琢得最完美的理论,很少有人公开反对它。在国际贸易新闻中,我们却能经常听到违背这一原则的声音。最典型的是,各国政府都在极力追求贸易顺差,抑止逆差扩大。表面看起来有几分道理:一份完美的家庭收支报表总是显示收入大于支出,财富逐年积累,这笔财富就是现金。在金银结算的时代,这意味着黄金白银的流入;当今时代,这意味着美元储备节节攀升。

可是再仔细想想,贸易一方大量积累金钱意义何在。人们为什么钟爱它?很简单,赚钱是为了现在或者将来花出去,购买商品和服务。极力压缩进口,鼓励出口,就会形成一个奇怪的局面:这个国家像葛朗台一样拼命赚钱,却从不花钱。为赚钱而赚钱,真是滑稽的场面。

撩开国家主义的面纱,你会发现把国际贸易和"家庭收支"作比喻是非常有问题的。各国间的贸易,永远是无数企业和个人之间的活动。每个企业的生产消费的结构和方向,都是千差万别的。以货币流向判断"获利",完全错误。有些企业利用本土的劳动力和原材料进行加工贸易,赚回美元。这些企业在贸易中常年处于顺差地位,例如中国的玩具工厂。有些企业要花费巨资从国外购买廉价的原材料,这使得它处于逆差地位,例如钢铁企业。顺差意味着开拓国际市场,提升生产能力;逆差意味着享受物美价廉的商品。无论是出钞还是入钞,资源都得到极好的配置。贸易的意义在于双方都能获利,是企业最好的选择。

很多人会说，如果一个国家只有逆差没有顺差，就意味着需要大量商品进口，本国产业全被外国占据．这当然是不现实的。任何国家的民众，即使生产能力再弱，在贸易中也会"比较优势"。贸易不是接受施舍，进口的同时，意味着自己也在创造有竞争力的商品和服务，贸易只是优化了这一过程。

政府干预国际贸易，通常意味着税收补贴出口企业，讨好外国消费者；进口企业被惩罚（表现为高关税），本国消费者享受不到国外物美价廉的商品。在中国，政府以汇率管制的形式，人为压低中国商品的价格，使国外消费者享受物美价廉的商品，中国政府屯积了巨量的外汇储备。这部分钱给中国人造成了通胀的恶果。

在现今国际贸易术语里，"逆差"是令人恐慌的词汇。政府经常以"减少贸易逆差"的名义干预自由贸易，提高关税，进行反倾销、反补贴调查。这些措施不只伤害外国消费者，同时也在伤害本国企业。更为严重的是它们伤害了自由贸易的原则，使国际关系重回到壁垒和对立，这显然不符合各国民众长远的利益。

最近十几年来，中国政府是片面追求"贸易顺差"的典型。这使得中国经济高度依赖国际市场，本土市场发育不足的制度性因素被忽视。执政者应抛弃对"贸易顺差"的痴迷，认真想想：为什么中国企业家无视国内的巨大市场，将大量精力花费在对外贸易上，是否意味着本国市场环境有什么问题呢？

（by@菁城子）

征收遗产税劫富又伤贫

日前,国务院参事、中央财经大学税务学院副院长刘桓在一次讲座上透露,征收遗产税被写入十八届三中全会文件草稿。此前,也有经济学家呼吁政府学习发达国家开征遗产税,以解决中国的贫富差距问题。可外国的月亮并不总比中国圆,就遗产税制度而言,中国显然要优于征收的国家。因为开征遗产税并不能劫富劫贫,而是劫富又伤贫,得不偿失。

毫无疑问,富豪们基于自身的利益,都应该抵制政府征收遗产税,然而,巴菲特似乎是个例外,身为超级富豪的巴菲特一再呼吁美国政府征收更多更高税率的遗产税。一般的解释是,巴菲特思想觉悟高,关心穷人,不计较个人财富。问题是,关心穷人自己做慈善就是,为何还要呼吁政府去征收别的富豪的遗产税。经济学者彼得·希夫给出了更合理的解释:开征高额遗产税,巴菲特有利可图。许多中小企业企业主过世后,企业传给下一代,下一代需要缴纳高额的遗产税,遗产税会根据企业的估值计算,要缴纳遗产税只能变卖企业,这时巴菲特便出手收购这些中小企业,并从中得利。

全球化的今天,资本非常敏感,很容易从税收高的国家流入到税收低的国家。一个国家征收过高的资本税,就是在鼓励这个国家的有钱人向税收低的国家移民,有钱人会用脚投票。2012 年,法国首富、路易威登 CEO 贝尔纳·阿尔诺移民比利时,原因是彼时新就任的左翼总统奥朗德宣布将征收税率高达 75％的富人税。不仅阿尔诺,许多法国有钱人都寻求移民以躲避高昂的富人税。

法国因为富人税逼走了首富，美国则因为遗产税"逼"有钱人自杀。2001年，美国国会通过了《经济增长与税收救济协调法》，其中规定个人遗产税豁免额连年增长，税率则连年下降，直到2010年，遗产税完全被取消。但是法案的期限只有十年，这就是说如果2009年没有通过新的遗产税法案，遗产税将从2011年期恢复征收。2010年就成了空窗年，这一年死亡的人无需缴纳遗产税，所以有些富豪在2010年之前想方设法"续命"活到2010年，而许多富豪则选择在2010年自杀，2010年又被称为富豪的"快乐死亡年"。

向富人征收遗产税能"劫富"却没法"济贫"，不光打击富人，对穷人也不利。对富人征税，实际上是对资本征税，打击富人创造财富的积极性，降低资本的积累，边际生产力随之降低，人们的生活水平于是下降。富人可以花钱请专业的会计团队钻税法的漏洞避税，美国的相关研究显示，税收每多收一美元，就会产生一美元的避税和征收成本，这是在消耗社会财富，降低所有人的生活水平。向富人开征遗产税能劫富济贫调节贫富差距是个天真的童话，正如美国前总统经济顾问委员会主席格里高利·曼昆所言，取消遗产税实际上可以增加联邦收入总额，也能刺激经济增长，并提高每个人的收入。因而，不论是有钱的富豪，还是没钱的穷人，为了自己的利益计，都没有理由支持政府征收遗产税。

最后，需要澄清的是，贫富差距本身并非问题，市场经济中，由于人们的天赋机遇等不同，贫富差距一定是无法避免的，这是一客观事实。因为，市场上自愿交易的双方是互利的，富人挣钱越多，对社会贡献越大，穷人也因此而获益。但是，有人却利用特权攫取财富，不同于市场的逻辑，这种获取财富的方式显然是损人利己的。正是由于获取财富手段的不公正才使贫富差距成为问题，人们其实愤慨的是贫富差距背后的不公正。显而易见，消除特权而非征收遗产税才是解决贫富差距问题的有效办法。

（by@喻涛 1991）

欧盟征收反倾销税　没有赢家的闹剧

　　欧盟委员会6月4日宣布,欧盟自6月6日起对产自中国的太阳能电池板及关键器件征收11.8%的临时反倾销税。如果中欧双方未能在8月6日前达成解决方案,届时反倾销税率将升至47.6%。

　　所谓倾销,是指一国(地区)的生产商或出口商以低于其国内市场价格或低于成本价格将其商品抛售到另一国(地区)市场的行为。

　　打个比方,欧洲市场上的太阳能热水器是100欧元,中国出口到欧洲的太阳能热水器是80欧元,那么中国的行为就是倾销。欧盟根据国际贸易相关法规,对中国进行处罚,这就是反倾销。

　　要知道,如果没有欧盟的反倾销,欧洲人原本可以买到更便宜的太阳能热水器,也就是说,欧盟的反倾销阻止了欧洲人享受更便宜的进口商品的可能性。

　　那么欧盟或者说反倾销法的立足点是什么?之所以有反倾销行为,都是贸易保护思想深入脑髓的缘故,也是欧盟那帮政客游说的说辞。

　　这些政客的理由是,大量便宜的商品进入欧洲市场,将对欧洲的同类商品造成冲击,使得欧洲本土的光伏企业因竞争失利而倒闭,以至于造成下岗失业。

　　但是,欧洲的光伏企业未必全部赞同这样的做法。代表欧洲600多家光伏企业的行业协会——欧洲平价太阳能联盟5日发表声明,抗议欧盟对中国光伏产品征收临时反倾销税的决定。

　　而贸易保护的思路都是一致的,反倾销的手段不外乎是加税再加税。试想，如果这是种值得提倡的做法，欧盟大可以闭关锁国，断绝任何国际贸易，自给自足，拒绝来自欧洲以外的更便宜的商品。显然，欧盟不敢做得这么彻底，但至少说明了，反倾销是多么经不起推敲的荒唐行为。

这事还值得一说的是，中国的光伏之所以能如此低价进入欧洲市场，是中国政府补贴的结果。也就是，政府用中国纳税人的钱，捧出光伏产品，低价卖到欧洲。但对此等优惠，欧盟不仅不领情，还要惩罚，这让整个事件显得很无厘头。

日常生活中，常见各种打折甚至赔本促销，倾销根本就是一种很常见的营销手段。一个企业怎么会因为东西价格卖得太低而遭受惩罚？欧盟对华征收反倾销税，只是欧盟政客与欧洲国内企业相互结盟的结果，他们才是受益者。

另一方面，中国政府对光伏企业给予补贴，让他们能扛得起低价出口，这样的做法也不是促进企业或行业健康发展的正确做法，因为，不自负盈亏，花别人的钱，堆不出企业的任何竞争力。

双边贸易制裁来制裁去，受损害最大的是两边的普通百姓。在这一场没有赢家的国际贸易闹剧中，我们除了哭笑不得，还要明白这其中究竟是怎么回事。

（by@吴主任）

要发票做什么?

有一次跟老家的朋友吃饭,结账的时候他告诉我要个发票,我问要报销?他说,没有,不能让商家逃税。我问,这对你有什么好处或者坏处?他说,总之,他们赚了钱就应该交税。我问,他们不交税对你有什么影响?有没有想过商家不纳税是件好事?

还记得很早之前互联网上就流传着哪些外企每年赚走中国多少钱,呼吁所有人养成消费索要发票的习惯。网上早就对此谣言的专门帖子,大意是,要不要发票对诸如麦当劳肯德基的纳税情况影响都不大。而且这个国家的税巨复杂,我就算整理清楚了发出来也没有人有兴趣看。值得一说的问题是,一个人如何看待税。

税是强制的,否则就不叫税。因此,将之理解成是财富掠夺最为贴切形象无偏差。税越重意味着留在民间的财富越少。因此,任何以收税来解决问题的手段,都是要流氓。这是公理。税收打击生产,造成供给减少,价格就上涨。没有人觉得这对自己来说是件好事吧。所以,支持房产税的人活该买不到房。

对税的热衷,或许跟嫉妒和无能心理有关。别人比我富有,政府理应重税收拾他们。发泄完就完事,没意识到自己引来的政府也咬了自己好几口,日子更难过了。政府在蠢货呼吁的帮助下抢到不少钱,适时赏点福利,蠢货们完全忘记这是自己的愚蠢造成的,反而更加爱政府。如此反复,一辈子穷鬼的命。而富人面对这些恶政策,至少可选择面要比穷人们大得多。

政府的掠夺是全民性的,偷税漏税罪名可不小。穷人即使从中得到了一些福利,对比自己被刮走的钱来说,是杯水车薪。而且实际情况通常是劫贫济富。越是穷山僻壤,税没少交,补贴却全给诸如北京这样的大城市人民。而国富民穷的结果,自然就是民间的经济活力大大下降,本可以更物美价廉的商品可能因此消失,对就业更是极大的打击。当然,如果你常看电视上的新闻,也会有政府给民众分发些粮食过年,或给贫困地区铺条电线杆之类的感人画面。每时每刻巩固愚昧之人对政府的信任与依赖。

祖国强大是政府强大的委婉表达,政府强大的意思是体制内的人有更多的钱,这是以民间财富的缩水为代价的。政府有钱也就折腾,权力无边。祖国强大跟你没任何关系,别瞎自豪了。自己强大才是最重要最值得自豪的事情。

每个人的能力都是很有限的,而且鼓励他人去反抗是一种非常龌龊的行为。但是有一些良好的生活习惯倒是可以提倡。比如日常消费,除非有报销或其他需要,尽量不索要发票。

(by@吴主任)

无法抵制的日系车

即使是日本本土生产的纯种日系车,也需要其他国家的零配件,与此同时几乎所有的车多少都流着日本的"血液"。要抵制日系车,合乎逻辑的结论是抵制一切车。

近日,十余个中国城市出现了砸毁日系汽车的过激举动。且不说这次砸掉的是中国同胞自己的汽车,事实上,大部分日系汽车都是在中国由中国人自己生产的,另一方面,即便是国产车也离不开日本生产的关键零部件,这早就是一个"你中有我,我中有你"的世界了。

这次被砸毁的汽车,可都是中国同胞花钱买的汽车,这是人家合法的私有财产。打砸别人的汽车,无疑是耍无赖的犯罪行为。宣泄情绪打砸汽车,但不能损害到其他同胞的合法权益,真要抵制日货砸毁汽车,也并非不可以,完全可以把自己家的日货给砸了毁了。遗憾的是,被砸掉的却都是别人家的日货,有的人在自己的衣服上写满"抗日"标语,嘴上喊着"抗日"口号,脖子上却挂着日本品牌的数码相机。

中国汽车工业协会的统计数据显示,2012 年上半年,中国的日系轿车销量为 112.01 万辆,占轿车销售总量的 21.42%。2012 年第一季度,中国从日本进口车辆为 6 万辆,同比减少 12.6%。从上述数据中,不难看出,中国销售的日系车,绝大多数并非产自日本,而是那些中日合资汽车企业如东风日产、广汽本田等生产的。这也就是说,被砸掉的所谓日系汽车,很可能是完完全全在中国由中国同胞自己组装生产的汽车。

2010 年在由 Automotive News 发布的全球汽车零部件配套供应商百强榜单(2009 年数据)中,日本和美国各自占了 30 家,紧随其后的是德国有 17 家,在榜单的前四十名中,日本有 14 家,超过了美国的 10 家和德国的 9 家,排名世界第一的电装公司也是来自日本的企业。金砖四国汽车产业这些年发展迅速,但在这个汽车零部件企业百强名单中却无一上榜。尽管中国不仅是世界第一大汽车市场,而且是世界最大的汽车生产国。

在全球汽车产业链中,日本扮演着基础性零配件生产基地的角色,以自动变速器为例,包括欧美车型、自主品牌车型等很多关键零部件其实都来自日本本土生产。2010 年,日本汽车零部件出口金额超过 600 亿美元。亚洲、北美、欧洲都是日本汽车零部件出口地区,其中集成电路、传感器、发动机、变速器等零部件具有非常强的国际竞争力。

在日本生产的零部件产品中,包括半导体、微芯片在内的高附加值零部件在世界范围内具有绝对优势。日本 311 大地震后,由于生产这些零部件的企业停产,造成全球微芯片、发动机控件、ABS、安全气囊等系统的关键零部件供应紧张。当时美国的一家机构预测,日本大地震导致的零部件短缺将使全球汽车行业减产约 30%。

尽管东风日产和广汽本田都宣称称,自己的零部件国产化比例高达 90%,有些车型甚至超过 90%。但是,剩下 10%左右的零部件依然需要依靠进口,缺少任何一个零部件,生产的汽车是无法合格出厂的。并且,这余下的 10%常常都是关键性零部件和核心技术,其中有些核心零部件是可以在欧美寻求替代品,然而有些核心零部件却是必须依赖日本。上海小糸车灯有限公司常务董事吴帅在接受采访时曾表示:"目前,在电子控制元件、电子控制模块以及自动变速器三大关键零部件上,全球几乎被日本垄断,无论是日系车还是欧美系车都很大程度依赖日本制造。"

另外,中国的合资汽车企业所指的零部件国产率,仅仅是指一二级零部件配套企业供应的产品产自国内,然而事实上,一二级零部件供应商的上游,还有三到五级的供应商,这些上游供应商中,很多依然还是来自进口。比如,国家信息中心 2009 年《中国汽车零部件产业调查研究》显示,汽油机电控系统国内产量前四名的企业为联电、电装、西门子 vdo 和德尔福万源,均有外资背景,其产量占国内汽油机电控系统总产量的 80%,而完全的中国本土企业所占市场份额不足 1%。

日本是中国进口零部件第一大国,根据中国海关的统计数据,2010 年中国汽车零部件从日本进口额达到 109 亿美元,总进口额为 273 亿美元,占汽车零部件进口总额 39.9%。从零部件分类来看,传动系统、制动系统、发动机零部件、转向系统零部件进口占中国 2010 年对应类别零部件进口金额比重的 53.6%、45.9%、43.4%、40.6%、34.7%,其中大部分都是汽车生产的核心部件。2010 年广州进口汽车零部件 6.8 亿美元,几乎都是来自日本。

在这个全球化日趋深入的年代,一件商品的生产常常由来自世界各地互不相识的人们分工协作而完成,汽车的生产就是一个明证。即使是日本本土生产的纯种日系车,也需要其他国家的零配件,与此同时几乎所有的车多少都流着日本的"血液"。要抵制日系车,合乎逻辑的结论是抵制一切车。

(by@喻涛 1991)

不要被宰了还帮数钱

人们在购物时抱怨关税重，另一方面却被"保护民族企业"的说法迷惑。而且当事人少有意识到这其中的自虐现象。猪要被杀都要挣扎嘶吼，人被卖了还帮着数钱。缩小一下空间范围，城市间的买卖如果也让有关部门从中抽走一部分，想必不会这么容易被认同。再缩小到村与村之间的交易呢？可一个问题上升到国家的层面，人们就觉得这事儿是自己应该承担的，好像自己尽到了义务，自豪。

保护民族企业的说法太容易忽悠人了，而且国内的某些企业家总是一脸苦相打民族牌。娃哈哈的宗庆后就曾含泪演过，策略需要的话，他还会演得更逼真。至于冯军就更直接了，直接弄了个"爱国者"品牌。冯军太高估了爱国青年的爱国情怀，以为就算做出一坨大便也能被爱国热情熏成蛋糕。说是不需要成本的，爱国青年随便喊两嗓子表个态，花自己钱买数码产品的时候还是会绕道走向日本制造。跟自己的钱过不去的人不多见。

埃及就是个贸易保护严重的鬼地方，物品相当丰富，避开了国外物美价廉的商品，剩下的全是埃及制造的垃圾，据说甚至买不到一双像样的拖鞋。显而易见，受损的是埃及国内的消费者。假如一下子放开，本土企业竞争不过，纷纷倒闭怎么办？不能只赚低端的钱，要有自己的品牌！——本土企业家一声吼，电视机前观众朋友也跟着瞎点头。作为消费者，花同样钱买到更好的东西才是需要自己关心的，人们的实际行动也都表明了这一点。

另一种危言耸听是，国内企业倒闭后造成的下岗失业问题。这个问题并不严重,好比不能因为机器取代了劳动力就拒绝使用机器。释放出来的劳动力可以做更多的事,下岗再就业本就是一个社会稀疏平常的活力表现。同一个产业,竞争不过外国企业,说明本土企业没有比较优势。联想如果在数码界混不下去了,可能会发现养驴才是自己擅长的,谁敢保证联想不会成为养驴界的知名名牌?自由开放还有个巨大的好处就是长见识。不仅是消费者,本土企业更是能直接向优秀的竞争对手学习,完善不足提高竞争力。

极端地假设一个不能自由交换的世界,每个人的各种需求都得自己搞定。不说手机电脑这些东西,自己折腾出一支铅笔得花多少时间?的确曾经有人试验过,可能是个行为艺术家吧。他花数年时间自己搞出一个面包机来(金属类原材料应该不是自己冶炼的),成品当然非常劣质了。而随便去超市买一个只要几十块钱。现代社会的发展是自由贸易的结果。因此任何一个阻碍了自由贸易的政策都是有害的。你能想象跟隔壁村老王买个鸡蛋村委会收取村关税这种荒唐事吗?关税就是这么荒唐。

当然了,就算你我都强烈反对关税,关税也还是会存在,但是当反对的人足够多,坏政策应该就维持不下去了。不过这也不是重点,因为那一天还太遥远。

(by@吴主任)

大学生该不该去搬砖

　　大学生值多少钱？相信很多刚毕业的大学生都会遇到这种困惑。高中苦熬三年，经过高考厮杀考进大学，四年却是无措茫然。他们甚至悲哀地发现，自己的收入水平连泥瓦匠装修工都比不上。很多父母师长会安慰你：安啦，从长期看你的工资水平要超过这些没上过大学的人，不要心理失衡。几年后，你会发现自己薪水上涨的幅度还是无法超过"技术蓝领"。

　　很多人大喊：现在大学学问再不好，在电脑知识、科学水平、文书能力总不会输给农民工吧？大学生身上有多少教育"附加值"，为什么得不到体现，那些老板是不是瞎了眼？

　　问得好：老板们为什么不按学历开工资？"搞原子弹的不如卖茶叶蛋"，这种抱怨有没有道理？这个世界为什么有的人赚得多，有的人赚得少，有的行业入门槛就收入不菲，为什么有的行业始终"廉价"？读完这节，你就明白了。

底特律杀手

今年3月份底特律进入财政紧急状态,我写邮件给网上的美国华人朋友,请他介绍情况。两天后收到邮件,他说国内传言"一美元买房"大抵过于夸张。他向当地美国朋友询问,并将回信转给我,方便我了解普通美国人对底特律破产的看法。

底特律位于美国中西部伊利湖畔,交通便利,资源丰富。汽车工业兴起后,三大汽车巨头福特、通用和克莱斯勒齐聚于此,底特律成为著名的"汽车城"。这位美国人写道,"1950年代的底特律是一个蓬勃发展、非常成功的美丽城市。如今它却处在悲剧性的混乱中。"底特律繁盛时期人口高达200余万,现在却不足70万人。企业和白人中产日渐流失,城区80%的居民都是黑人。他认为,底特律衰落缘于20世纪六七十年代后汽车三巨头竞争力消失,罪魁祸首则是汽车工会。他们让底特律的新鲜血液不断流失。

翻看美国汽车工业历史可知,这种说法并没有夸张。除去20世纪初的黄金时间,美国汽车工业史总是伴随着工会身影,并且逐渐地成为企业进步的阻碍。

美国汽车工会成立于大萧条时期。成立伊始就发动一系列罢工,逼迫企业停止裁员,提高工资。凭借行业高速发展带来的利润,企业有能力提供优厚薪资和福利。工会不断施压,合同时间就越来越长(往往长达30年),并还有各类医疗保险。在没有外来竞争者的环境下,大公司往往乐于接受条件。他们希望工会帮忙排挤行业的新晋者。

直到日本汽车异军突起,美国车商才察觉到他们面临的困境。

日本人除了在本土生产汽车,还把工厂建到了美国南方。那里没有严密的工会体系,到处都是富有活力且服从管理的工人。这在北方是无法想象的。底特律工人大多签订长期合同,没有失业之虞。类似于"国企病"的现象非常普遍,例如怠工、固定涨薪、重视资历。企业很难辞退员工,因为失业赔偿金高昂。更糟糕的是,企业管理往往遭工会阻碍,例如低效率部门无法关闭,因为一大笔员工薪水、福利和养老金要支付。工会总是阻止企业采用更有效率的机械,因为会引发失业;海外投资建厂也受到掣肘,因为工会要求照顾本地就业。

日本人没有这些烦恼,他们的劳工关系简单得多。工人不隶属于工会,产品进步也灵活优异。他们一点一点蚕食美国市场,在此之前他们已经在欧洲取得了成功。2009 年丰田战胜通用,夺得全球汽车销量第一的宝座,结束了通用长达 77 年的霸业。此时通用已在申请破产保护,克莱斯勒也通过破产保护程序,并卖给意大利菲亚特公司。三大巨头,仅存福特。

汽车业衰落伴随着大量工作岗位和人口的流失,这只是底特律的一个缩影。密歇根州的工会是民主党的大票仓,底特律市长则长期由民主党人担任,他们倾向给民众许诺高福利。小企业们因为无法适应僵化的劳资法律和福利政策,纷纷搬离。当地猖獗的犯罪是严重问题,政府长期无力治理,富人和白领也选择了离开。政府在繁荣时期许下的福利现在都成了沉重负担。直到破产前夕,底特律市的负债超过 180 亿美元——本地税收不可能维持支出,联邦政府也选择沉默。就这样,底特律选择破产。

那位美国人在邮件结尾说:"底特律和密歇根州人民受够了,他们选举了共和党的州长和议会,事情正在起变化。他们通过一项劳工法案,企业不必再被强迫雇佣工会成员,工人不必加入工会。这将鼓励更多公司在密歇根做生意。"伴随着底特律破产,工会也将逐渐瓦解。底特律是否凤凰涅槃,寻找到新的出路,值得长期观察。

(by@菁城子)

谁在支持最低工资法

　　最低工资法在世界范围内的施行之广泛，连经济自由度最高的香港都不能幸免，这是很值得玩味的事情。一般说来，一项政策的施行，必有学理上的主流思潮作支撑。主流经济学盛行的东西，从长期看总会反映在政策上。政府滥印钞票，它的基础是凯恩斯的通胀经济学；自由贸易成为时代潮流，乃是因这一思想在经济学界居于主流的地位，深入人心。最低工资法不是这样，主流经济学界普遍认为，最低工资法并不能给工人带来真正好处，反而会拉高失业率，这是对的。它的原理很简单，工人收入水平是决定于劳动力市场的供需，只要这状况没有改变，规定高于市场一般水平的工资价格，将打击部分提供低工资的企业，使他们难以为继。那些既无技能又无经验，所赚工资远低于一般工资水平的，将被清出市场，沦为失业大军的一员。

　　关于最低工资的破坏性后果，主流经济学基本已经承认，并写进教科书。政府依旧煞有介事地，每年根据通货膨胀的速率提高最低工资标准。这其中有政府讨好民众的成分，也有对经济学无知的媒体煽惑的原因。还有一个重要原因，政府制定的最低工资水平通常很低，伤害性不明显。按照"最低工资帮助工人提高工资"的逻辑，北京市政府完全可以把现行 1260 元每月的最低工资提高到 8000 元每月，以此帮助可怜兮兮的小白领。政府不会这么干——因为大多数企业都无法支付这样水平的工资。如果政府真这么干，它的谎言将败露无疑。

　　政府颁布最低工资，基本就是依靠"帮助弱势群体"的政治正确，执着向前。孤贫弱小者欢迎最低工资,实际上他们不知道谁在帮助他们,谁在伤害他们。政府开出美丽承诺,他们信赖欢迎,乐此不疲。

当然,有小部分经济学家还在试图论证,经济学界对最低工资充满偏见——政府这么干多少有点道理。这种心理很古怪。我无意说这些人的动机是在刻意迎合政府,也许他们只是努力进行理论突破,就像物理学界总有人在试图制造永动机。

最典型的例子就是通过收集经济数据证明,实行最低工资的某些时段,失业率居然降低了。事实真是这样吗?必须强调的是:最低工资的后果,只能从人的行为规律推导出来。就像需求定律一样,是基于人的边际效用递减规律。抛开逻辑去生活里收集数据,期望获得某种规律,只能是凭运气了。最低工资使得很多既无经验又无能力的人很难找到工作,这种逻辑不难理解。但是社会生活中很多因素的变化,则会掩盖它的伤害。例如实行最低工资同时,政府采取经济刺激政策,短期内各行业的全面繁荣确实使失业人数大为减少;某项行业突然兴起,就新增加了很多就业(例如电商行业突然兴起,使得快递业蓬勃发展),等等。这些都会在事实上抵销最低工资带来的伤害,但是并不能从逻辑上证明它的无害。

很多媒体和知识分子还在做着反资本主义的宣传。例如,他们会高呼"连最低工资都无法提供的企业不配生存"。按着他们的逻辑,政府大可以直接没收这些企业,以免他们剥削伤害工人。管制事实上就是部分的没收。企业提供产品和就业机会,本身就是在做出贡献,然而仅仅这种贡献做得"不够好",就活该被制裁,这真是这些学者的法西斯逻辑了。

前段时间我看到经济学者莫志宏一篇谈最低工资法案的文章。她认为最低工资不应该被经济学界轻率地否定,最低工资法应该被看作市场规则的一部分——正如市场规则反对强制交易那样。她说,"因为让这样的劳动者进入劳动力市场,由于他们所获得的收入水准甚至低于维持正常生活水准的需要,这相当于让他们以一种慢性亏空的方式延喘生命。"这种抒情句式掩盖了一个最基本的事实：最低工资下的劳动也是基于自愿，而不是奴役。最低工资伤害了既无经验、又无能力的求职者。交易双方，总是在当时情形下的各自满足。他们可能只是寻求短暂过渡，打零工也好，一段时间之后可能就另觅前程，如此而已。最低工资剥夺了这些机会。莫志宏老师认为，用慈善去救济他们，也好过陷于低工资的"慢性亏空方式的延喘生命"。她忘了，给一个人工作机会，让他学习独立谋生的精神和能力，才是对他们最好的帮助。怜悯的施舍终究还是怜悯，很可能使他成为废人。

(by@菁城子)

谁来保障实习生的权益？

2010年暑假,我在南昌一家报社实习,进去是托人帮忙介绍去实习的,托的是之前已经在这家报社实习好几个月的同学。实习了三个月,不仅一毛钱的报酬没拿,反而给报社交了50块钱一个月的实习费。还给开了发票呢,上面标注的就是"实习费"三个字。

实习做的事儿,就是跟着带你的记者到处跑新闻,记者们很少会让实习生单独采访写稿。实习过程中,会发现原来做新闻跟学校里老师教的截然不同,可以学到很多学校里学不到的工作技能。

尽管实习要倒贴,但我也没觉得实习就亏了,因为收获不仅仅是货币收入,更重要的是工作技能提升以及收获的实习经历,这些对之后的就业非常重要。企业招聘员工,自然优先录用那些有相关工作经验能马上上手的人,应届生如若没有相关实习经历,企业没理由青睐。

2010年暑假,我的很多同学就因为种种原因很想实习却苦于找不到实习单位。媒体报道的实习生廉价问题,原因在于实习生的供应太多了,供过于求僧多粥少的结果就是实习生不受待见。

最近几年大学毕业生一年比一年多,而近来的经济形势又不是很景气,要是没有很好的相关实习经历,应届生要想找到一份满意的工作,当然是难上加难。实习生已如此艰难,但还是得拆穿。

有人呼吁政府应该出手保障实习生的权益。事实上,实习生的权益并没有受到侵害。实习生待遇再差,也都是自愿的,如果觉得受不了,要么去找份更好的实习,要么干脆就不去实习。之所以待在这看似待遇糟糕的地方实习,是因为这已经是他最好的选择了。都是大学生了,哪儿有那么多的糊涂蛋,惨兮兮只让人占便宜而自己默默吃亏。

　　与立法原意相反,政府出政策规范企业,保障实习生权益的举动,不仅会伤害用实习生的企业,更会伤害实习生。新劳动合同法今年7月1日起正式实施,各地也纷纷修改地方的劳动合同条例。其中有些就涉及到实习生的权益问题,比如江苏省就规定,实习生的工资也不能低于当地的最低工资标准。

　　这样,此前那些低于最低工资标准的实习岗位,很多就会被企业取消,许多实习生也就失去实习的机会。美国劳工部在2010年8月发布新规,禁止企业提供没有薪水的实习工作。这带来的同样是双输结果:用工企业失去了实习生,而年轻的大学生则失去了实习机会。

　　为实习生权益呼吁奔走的媒体人别忘了,媒体的实习生,绝大多数就是无薪的。先给自己的实习生发钱吧,这样起码看上去比较有说服力。

（by@喻涛1991）

月嫂收入凭什么不能高于博士

最近,"天价月嫂"再次被热炒,"月嫂这个连单独职业都算不上的家政工作,为何收入能高于一个医学博士",媒体认为月嫂被神化,呼吁政府加强监管。月嫂与雇主之间是平等自愿的交易,获得天价报酬有何不可? 媒体和网友流露出的态度,彰显的是职业有高低贵贱的陋见。

"天价月嫂"的报道中,记者暗访发现内幕,月嫂市场不规范,并认为是家政公司炒高了月嫂的价格。时有月嫂的负面新闻似乎是市场不规范的佐证,比如"保姆虐待婴儿扔来扔去"、"月嫂过失致孩屁股溃烂"之类,然而,相比庞大的月嫂服务市场,出现这样少数的极端个案,是再正常不过的事情。月嫂市场并不存在准入问题,近乎是完全竞争的市场。激烈而充分的竞争下,提供不靠谱服务的家政公司和月嫂,会被市场淘汰。

基本的经济学原理是,竞争市场下,劳动力价格由供需决定。倘若真如报道认为的那样,整个行业很不规范,那么就会出现一个巨大的商机,谁要成立一家规范靠谱的家政公司,岂不无人能敌了? 如果有家政公司故意抬高月嫂价格,您雇别的公司的月嫂不就得了,这样炒作的公司还能持久吗? 你要觉得月嫂服务价格太离谱,不雇就不行吗?

北京市每年出生的婴儿约为 15 万,调查显示八成以上的家庭愿意请月嫂,而目前的月嫂市场仅能满足半数的需求。计划生育政策、坐月子的传统以及父母与子女的分开居住等,是月嫂服务需求的几个原因。由于人们更偏爱龙宝宝,更加加大了今年(龙年)对月嫂服务的需求。这样的情况下,月嫂收入自然不会低,这样才能吸引更多人成为月嫂,以缓解月嫂服务的紧缺。

说到底,月嫂服务的高价是建立在真实市场需求之上的,并不存在所谓的价格泡沫问题。月嫂与雇主之间平等的交易,只要没有妨碍到第三方,他们自愿达成的任何价格都是合理的。

"月嫂这个连单独职业都算不上的家政工作,为何收入能高于一个医学博士",媒体的报道中很明确认定月嫂职业就不该拿比医学博士更高的收入,甚至都不承认月嫂是个单独职业。媒体与专家的言论迎合的是读者的需求,看看网络上的跟帖与评论,会发现认为月嫂不该拿高薪,更不该拿比医学博士还高的收入的人,比比皆是。在很多人眼中,月嫂是个低贱的服务性职业,打心里就看不上这个职业及其从业人员。

记者报道里描述的月嫂,是一种无需文凭无需多少技能而收入又颇丰的职业,许多网友在报道的跟帖中,也流露出各种羡慕之情。既然月嫂是一份如此之好的工作,为什么那些羡慕月嫂的人自己不去做月嫂呢?

可以肯定,那些嘴上说羡慕月嫂的人,其实没几个人真愿意去做月嫂。月嫂这活也不是谁都能干的,这是一份重体力活,同时需要一定的技能和经验,还没有其他福利待遇。更重要的原因是,在很多人心底,月嫂是种"连单独职业都算不上的家政工作",即把职业划为三六九等的心理认知,堂堂大学本科毕业,怎么能去做月嫂这种没文化的工作呢?

中国是一个传统的等级制社会,讲究"尊卑贵贱"。"万般皆下品,惟有读书高",这是以一个人的知识多寡区分等级高低。职业自然也分等级,也有高低贵贱之别,所谓的"士农工商"。这样的传统一直延续到现在。对于家政行业所属的服务性行业,则存在着更为严重的歧视。端盘子洗脚按摩保姆等服务,一度被视成阶级压迫的典型。很多人从小就被灌输"为人民服务",而让别人服务则被视为是在压迫别人。在这样的语境下,作为受压迫者的服务业从业者天然低人一等。

高等教育越来越普及,越来越多的人从事脑力劳动,从事重体力劳动的人越来越少。相对而言,重体力劳动更加稀缺,其劳动力价格趋于上涨。所以,这才出现工地和工厂劳动力短缺,而大学生毕业之后却找不到工作的现象。实际上,大学生不是找不到工作,而是找不到自己满意的工作,工地上搬砖的工作一直候着嘛。俗话说得好,没有饿死的人,只有懒死的人。

现在不光月嫂这样的辛苦活,许多其他的体力活也都还能获得不错的收入。比如,在北京建筑工地里,不难找到月收入过万的民工。又如,亚马逊的送件员,月收入5000以上稀松平常,顺丰快递有送件员月入过万很正常,不久前上海有公司出7000元月薪招送水工。这些工作,那些抱怨自己待遇差的白领们,愿意做吗,做得了吗?

充分竞争情况下,天价就是合理价位。鼓噪"天价月嫂"收入高于博士,既是对基本经济学原理的漠视,骨子里更是对于低文化劳动者的歧视,前者是无知,后者是无耻。

(by@喻涛 1991)

出租司机收入低不怪份子钱

近年来,出租车司机罢运的群体性事件屡有发生,统计显示全国平均每月发生 1.5 起。罢运背后,是抱怨的出租车司机与出租车公司的利益纠纷。出租车司机即使每天工作十几个小时,最后到手的收入也还是不多。杭州市道路管理局给出的数据显示,在杭州,司机每个小时纯收入为 16 元,即使每天工作十几个小时,一个月的收入也没有多少。

北京的出租车司机收入大致在三四千,而上海的出租车司机平均收入是 3900 元。出租车司机忍受不了的主要是交给出租车公司的份子钱比自己拿到手的收入多得多。北京的份子钱在 5100 到 5700 一个月,上海的是 8000 多一个月,这些一二线城市司机每月所交份子钱多在 5000 至 10000 元之间。这就是说,两年的份子钱就能抵消购车成本,八年的运营期限,出租车公司从每位司机那获益 20 万元。

现在的出租车司机收入很低,这完全是由市场决定的。原先北京开出租的都是二环以内的市民(那时还没有特许经营制度,也不是谁都能买得起车,都会开车),到现在全是郊区甚至外地人。成为出租车司机的门槛很低,只要有驾照,然后再通过一个形式上的资格考试(很容易通过),便具有了开出租车的资格。低门槛造成这个行业竞争激烈,他们的收入可想而知不会很高。

要说出租车司机收入低,可还有许多人都等着进入这个行当做出租车司机呢,你要不干,想干的人多得是。开出租车怎么也比在家种田强吧。充足的人力供应致使出租车司机职业收入不高。在台湾台北市,自民进党上台后取消出租车的特许经营制度,只要有一辆车,愿意开出租,只要去政府登记即可,这的司机收入也不是很高,同样很辛苦。美国出租车司机的平均收入甚至低于全国平均收入。出租车司机既然还愿意为出租车公司开车,说明在市场上,他不能找到更好的工作,这份职业相对他而言已经是较好的选择,出租车公司对于司机的剥削只是人们的想当然。当然,每个人都觉得自己的贡献比自己得到的要多得多,但得到多少确实是由市场供需决定的。

由于政府对于出租车数量的严格控制,使得出租车牌照成了稀缺物,其市场价格简直是天价。北京的出租车牌照价格,百万以上,而天津的市场价则是 55 万。在同样是政府管制出租车数量的香港,出租车牌照的市场价达到了 500 万港元。不论是公司制经营还是个体户经营,政府严格控制出租车的数量,只有拿到政府的特许经营权(出租车牌照)的才能合法运营,否则即是非法的黑车。这种行政特许经营下,获得特许经营权的,将收获垄断产生的暴利,不论是公司制还是个体制。

实际上,出租车服务包含三个要素,出租车、司机及牌照,缺一不可。出租车行业的暴利是由哪一个要素带来的呢,显然不是出租车、也不是司机,是数量管制下的垄断牌照。沿着这个逻辑,出租车司机交的份子钱其实正是牌照所带来的超额利润。从这个意义上说,司机交纳份子钱是由一定道理的。如果不实行公司制,个体制会如何呢?

在我国少部分地区,出租车司机是不用交份子钱给出租车公司的,这些地方实行的正是个体制,温州、天津是其代表。而这只不过是把行政特许经营权从出租车公司转到司机,于是数量管制不变的情况下,垄断租金从出租车公司流向出租车司机而已。

在个体制下,出租车司机的收入包含两部分,自己的劳务收入以及特许经营牌照带来的垄断租金。在实行个体制的天津,许多持有出租车牌的车主,都把自己的出租车承包给其他人,自己每月也收份子钱,而承包人每月的收入也就是三千元左右,这即是出租车司机的真实收入,与第一种模式下的出租车司机收入相差不大。

在自由市场上,选择个体经营还是公司经营,是不断探索出来的,作为竞争的结果。公司制和个人制互有优劣,怎么选择看市场。但是,在出租车数量垄断的情况下,无论是公司制还是个体制,最后的司机劳动收入都不高,高的还是份子钱。

既然问题出在政府对于出租车的数量管制上,解决的方法自然是解除管制。如果不解除管制,单纯降低份子钱,事实上很难帮到出租车司机。因为那只不过是把高额的垄断租金,部分地转移给司机,这将使得更多的人想进入出租车市场,出租车司机将成为走后门有路子的人才能从事的职业,出租车公司还可能在其他方式上降低司机其他的待遇,比如不让司机在公司停车。

单纯降低份子钱,推至极端的方式即不受份子钱,也就是所谓的个体制经营。但是上面已经论述,司机没有收公司的剥削,个体制并不能带给他们多少好处。拍下特许经营的牌照,需要一笔大钱,很多普通的司机根本就买不起,这样,如若他们想继续开车,只能从拍得牌照的个体户那承包下来,这和从出租公司那承包没有差别,他该辛苦还辛苦,挣的钱依然不会多,份子钱在个体那呢。

政府管制出租车服务,是把出租车服务当做公共服务,而政府不是自身直接提供公共服务,就是对这些服务进行各种管制,比如出租车行业的数量管制以及价格管制。在有的人看来,公共事业不能完全交给市场,非得由政府给看着。政府管制数量后,真的能如政府所承诺的那样,给市民带来更优质更实惠的服务吗?

香港政府管制出租车数量,给出的理由是限制出租车数量,以缓解交通拥堵。这个理由很牵强,相比数量庞大的私家车,出租车的数量不在多数,另一个理由是,出租车行驶造成了环境污染,因而得管制数量。经济学家早已证明,治理空气污染问题,效果最好的方式是收污染税。

政府管制缺少相关信息，只能事与愿违。一个城市需要多少辆出租车、何种型号的车、什么价位的出租车，这是由分散在所有人的信息决定的，政府永远不可能收集所有这些信息，这些信息只能由市场来显示。当政府代替市场做决定时，带来的就只能是事与愿违的结果。

这些年出租车司机罢运的原因，无外乎要求政府提高出租车服务的价格、不再发放特许经营的出租车牌照以及打击黑车。要求调高收费，是由于政府对于出租车服务的价格管制。阻止多发牌照以及要求严打黑车，都是为了避免更大的市场竞争产生。

份子钱没有伤害出租车司机的利益，伤害的其实是坐出租车的广大市民的利益。

（by@喻涛 1991）

政府如何解决就业问题

有个很知名的经济学理论叫破窗理论。大意是隔壁老王的窗户被淘气的小明打破,老王必然要更换玻璃,让安装玻璃的人和生产玻璃的人都有活可干。一个叫凯恩斯的书呆子指出,小明打破玻璃的举动推动了社会就业!这当然是错的。最简单的逻辑推理,如果这是可行的,毁掉更多的东西岂不是让工作多得都干不过来,几乎是零失业率。如果玻璃没被打碎,重装玻璃的这笔钱,老王可以去消费其他产品,比如买条裤子,同样也让卖衣服的和生产布料的人有活可干。玻璃在,还多了条裤子。

政府解决就业的问题比上面这个高明不了多少。各国政府都流行的政府投资建设增加就业岗位,也就是政府主导刺激经济。暂抛开这其中滥发钞票的问题。政策试图解决就业,于是拿出税收搞投资,修路绿化什么的,总之不少人好像因此得到了工作。可问题是,这钱本来就是纳税人的。更何况,在收税到再投资的这个巨复杂的过程中需要多少部门,这些公务员不需要工资吗?且这个过程中的贪污简直是一定的。正常人的思维方式应该是,把这钱退了,也就是减税,藏富于民。民间会有各种投资形式来带动就业。

政府刺激经济大搞投资解决就业还有个无法避免的,错误投资。类似鄂尔多斯的鬼城基本都是政府主导投资的结果。是,可以拿一大笔钱去沙漠建栋大厦,但下一步不可能逼人去那里工作生活。这里修一条步行街位置就是最好的?有这个必要吗?换个市长就把前任弄的步行街全挖了重来,搞个地下双层的。全国各地都这么胡来,瞎整出来 GDP 也不难看。这都是无意义的数据。

而公务人员的扩招扩编来解决就业问题,简直就是赤裸裸的分赃邀请。包括公办学校里各种职位的增设都属于这一类。这种做法也必然导致权力的扩张,并伴随一个天然的后遗症,财政拨款,一个部门一个岗位成立之后要想撤销就很难了。北京这样一个国际化大都市公交车居然还有售票员。这是极其低效的一种浪费,也只有拿国家补贴的才这么耗着。

政府当然有能力实际解决就业问题,但绝不应该是拿纳税人的钱去投资刺激经济,更不应该是增加体制内职位。除了上面说的减税,另一个就是解除更多领域的管制,允许民企进入更多的领域公平竞争。这个太直观有效了。一个垄断国企背后,是潜在的被拒之门外的无数民企以及所带动的就业。而且这是一个真正的有活力的生产创造,竞争出来的结果,必然是更好的商品和服务。

若单纯只是解决失业率问题,让所有人都有工作做,手段何其多。计划经济时代就是全能型政府主导,我伯父说过他年轻时候的一个模具厂,十个工人,二十个行政,还能塞进一个领导的亲戚,啥都不会,光养着不太光彩,新开创工种:过磅数读员。也就是器件过磅(称重量)时,她仅负责读一下数(记录有专门的人)。这个小厂子还可以塞进更多人,无非就是把一个人可以完成的事情分十个人来完成。因为它是国企。

改革开放中国飞速发展,人民生活水平提高,政府做对的一点就是市场的逐渐开放,简单说就是放权放手,破除掉计划经济政府全方位主导困境,给人们松绑,让市场去创造奇迹。

(by@吴主任)

提高稿酬标准并不是什么好事

2013 年 9 月 23 日,国家版权局在其官网发布了"关于《使用文字作品支付办法(修订征求意见稿)》公开征求意见的通知",其中规定原创作品基本稿酬千字最少为 100 元,翻译为每千字 80—300 元。此前则是 1999 年的标准,原创作品每千字稿酬为 30—100 元,翻译为每千字 20—80 元。

呼吁国家提高稿酬标准的声音,一直就没有停过,因而稿酬标准的提高,赢得了大多数人的喝彩。人们常举鲁迅的例子反衬当下文字工作者的低稿酬,说他仅用稿费就养活了一大家子,不但过上中产的日子,甚至还能在北京上海买房。如此的孤例当然没什么说服力,那时有几个鲁迅呢? 鲁迅作为当时最有名的作家,稿费高不是很正常吗? 今天,知名作家的稿酬并不算低,每年的中国作家富豪榜可以为证。

每个时代都会有稿酬高的作者,还有更多的稿酬不高的作者。今日稿酬高的作者,可能最开始稿酬很低,甚至免费都没人要,这需要有一个过程,还有运气的成分。有人认为,文字工作者是神圣的,过低的收入是贬低了其地位,因而政府需要提高稿酬标准。这种言论的背后,是一种职业分贵贱的等级观念在作怪。这世上哪有什么神圣的工作,或者说所有的工作都是神圣的。退一步讲,即便文字工作神圣特殊,文字工作者需要提高待遇,政府提高最低稿酬标准也无济于事。

需要弄清楚的是,一个作者的稿酬是如何形成的? 稿酬就是作者卖出文字的价格,文字与别的商品并没有本质区别。文字既然也是商品,价格就由供需所决定的,这是基本的经济学原理。文字越稀缺,稿酬就会越高。名气大的作者,即便写的烂,文字依然供不应求,于是稿酬就高。没名气的作者写得再好,可能也无人问津,给点稿费就算不错了。

现实中可以看到,不同媒体给不同作者,开出的稿费或高或低甚至免费使用。只要是自愿形成的稿酬,一定是有益于作者以及媒体的,因而都是合理的,所谓的稿酬过低根本就是伪问题。对于市场化的媒体以及作者而言,政府制定的稿酬标准毫无意义。

想要提高文字工作者的收入,政府直接提高稿酬标准非但是徒劳的,反而还坑害了那些原本能获得"低"稿酬的人。试想,有这么一位文学作者,非常年轻刚入行,其稿酬很低只有每千字 50 元,但他觉得这并重要,作品被刊发是其最大的愿望,毕竟可以给他积累名气。然而,现在政府规定的最低稿酬标准是千字 100 元,如果规定严格执行的话,这位文学青年本来可以发表的东西,变得没人要了。

如同政府制定的最低工资标准一样,政府制定的稿酬标准也是有害无益的。真正想要提高文字工作者的收入,政府是可以做到的,很简单——减税,只要降低稿酬所得的税率即可。

(by@喻涛 1991)

强制带薪休假不是馅饼

十一长假各地景区爆满,长假结束,落实带薪休假制度的呼吁再次见诸舆论。在今年二月,国务院办公厅曾表示到2020年要落实带薪年休假制度,舆论曾一阵叫好之声,也有声音认为带薪休假制度落实步伐太慢,为何不立即施行?

倘若强制实行了带薪休假制度,人们的出行旅游时间会错开,不会集中在黄金周,因而可以避免出现人挤人的烦人场景。如此,岂不是皆大欢喜?然而,强制落实带薪休假,在社会各阶层所体现的效果是不一致,不仅推行有难度,有些方面甚至会事与愿违。

即便现在政府没有强制规定带薪休假,依然有一些大企业主动给员工提供带薪休假的福利。企业提供带薪休假,是吸引优秀人才的一种策略。企业为吸引人才也可能提供其他方面的福利,比如提供舒服的宿舍之类。总之,企业会根据自身的情况,为劳动者提供各种各样的福利待遇。

企业雇佣一个劳动者,会考虑为他付出的总成本,法律强制落实带薪休假制度,劳动者别的福利待遇可能就会降下来。高收入者还好,低收入者也许就要牺牲本就不高的工资了。其实不少收入低的人,相比休假,更看重工资收入。比如,很多富士康的劳动者都希望多加班,却有规定限制他们加班不能超过一定时间,限制加班时间,导致工人收入下降,甚至引起辞职。

因此,强制落实带薪休假制度,会伤害低收入人群。当然,强制落实带薪休假制度对部分人员而言是利好,就是那些在机关事业单位、国企工作和私企拿高薪的人。

改善劳动者权益,从来就不仅仅只靠一纸法规。事实上,使劳动者权益得到保护并改善的,是社会资本的积累。市场经济下,资本不断积累,劳动的边际生产力不断提高,劳动者的待遇也就随之提高。经济学家马克·史库森指出,在 20 世纪里,美国人的平均工作时间下降了 50%,而在扣除通货膨胀影响后,美国人的真实平均收入却增长了 8 倍。

资本的积累离不开企业家才能的发挥,企业家才能的发挥离不开自由的创造,强制干预,本质上是在阻碍企业家才能的发挥,也就影响了资本的积累,从全社会角度讲,也就影响了所有人生活水平的普遍提高。政府真要想提高劳动者的待遇,应该做的是为企业家创造更好更自由的商业环境,比如减税以及减少行政干预。

(by@喻涛 1991)

产业扶持政策不靠谱

在能源领域,煤和石油的时代已渐进黄昏。下一个能源霸主是什么?环保人士主张发展太阳能、风能、潮汐能源之类的"清洁能源"。不过有人警告说,这些能源可不算清洁:因为生产这些能源设备造成的污染是非常严重的。科学家指出:应该发展核能。因为核能既经济又清洁。这种说法遭到了环保人士的嗤笑和抗议。政府在几大派系中摇摆不定,互相兼顾,偶尔还要安抚一下失落的煤电能源巨头——毕竟他们主宰着现在。就在他们争吵不休的时候,页岩气和海底能源被开采并广泛应用了。此前政府的产业政策专家们丝毫不看好,随着行情飙涨,他们也改口了。

在几乎所有经济领域(不只是能源这样迭代明显的领域),随处可见政府活跃的大手。他们仿佛全知全能,知道什么产业有前景,什么行业要完蛋。但是无数的事例证明,政府的产业指导政策基本都是在捣乱。即便他们做对了什么,也只是偶尔有好运气。

产业扶持政策不靠谱

从 2012 年以来,中国光伏产业的日子越来越不好过。这个政府产业指导政策的"明星",如今正陷在欧美反倾销和反补贴调查的窘境里。2008 年以来货币口子大开的日子行将结束,银行的贷款不再那么慷慨。2013 年 6 月 26 日,工信部官员表示,中国超过 85% 的多晶硅生产企业停产,大部分企业处于亏损状态。从光伏股的一泻千里看,这个"新兴产业"恐怕要经历漫长的寒冬,大多数企业则无法熬过去。

中国几乎所有光伏企业都是依靠"财政补贴"生存。补贴的实质是,政府用税款养活企业,再把产品出口到欧美国家。获利的只有这些特权企业和国外消费者。欧美光伏企业大多也在要求政府补贴,以满足"绿色环保"的理念需求。遭遇中国企业这样的对手后,他们要求本国政府展开"反倾销反补贴调查"。这种做法是阻止欧美消费者占中国的便宜。欧美光伏产业基本是靠政府扶持起来的,这和中国光伏产业非常相像。两个利益集团绑架着各自政府,牺牲着本国民众的利益,贸易演变成了闹剧。

光伏产业回落的大背景是国际能源格局变化。在新能源冲击下,国际油气价格缓慢回落,政府主导的"绿色能源"成了烧钱游戏。由于无法维持庞大的补贴,政府开始削减开支。失去光环的光伏企业一蹶不振,节节败退。这点无论在欧美还是中国,都体现得非常明显。这些特权企业开始指责同行竞争,希望政府继续为他们保驾护航。

在光伏产业这件事情上,所谓"产业扶持"已宣告破产。

长期以来,很多人认为政府应扶持某些幼稚的新兴行业。例如在煤炭时代,政府如果发现石油的价值并大力发展石油行业,就会在能源市场上抢得先机;在煤油灯时代,如果政府扶持新兴的电灯行业,将有利于新技术的推广。在其他领域,政府应积极地促进"产业升级"。

这样的观点是错误的。一项新技术、新发明乃至一个新产业,如果具有推广价值,它一定会通过某种信号传递出来。这种信号就是利润。石油取代煤炭,成为当今能源世界的霸主,最重要的原因是廉价。一般认为1859年美国人就在宾夕法尼亚州打出第一口油井,但是直到20世纪中叶,煤炭仍处于世界能源霸主的地位。其中既有技术限制,市场的发育不足也是重要原因。只有石油相关产业充分发育,需求十分庞大,获取每单位石油热量的成本降低下来,石油才会逐渐取代煤炭产业。

类似的情形还有页岩气,早在20世纪页岩气就被发现具有利用价值,却几乎没有公司愿意大加开采。直到石油价格持续上涨,新能源开采才显现出必要性。技术进步依赖于科研和勘探试验,投资的动力则来源于竞争。美国页岩气的开发,完全依靠市场的激励。它的横空出世,一举击溃了依靠政府补贴才能存活的生物能源、风能、太阳能等所谓清洁能源。

光伏产业基本是"能源危机"鼓噪下的政策产物。事实上,只要依靠市场调节,最环保的资源就是最便宜的资源,低成本意味着消耗更少资源。像光伏产业这些环保主义者口中的"清洁能源",他们在生产过程中需要消耗大量资源,应用起来并不经济,需要长期依靠补贴才能生存。官员被赋予了"发现市场"的假设,他们被假定为高于一般公众水平的能力。这些事情本来应由企业家来完成,在补贴制度下,企业家失去了创新能力,成为官员附庸和财政的吸血虫。从历史上看,由官员进行决策的制度总会造成失灵和浪费,现在这种情况在光伏产业上重复上演。中国光伏产业的出路应该是果断停止补贴,让市场机制发挥作用,那些低效无能的企业将被清扫,幸存下来的或许还能探索出新的发展之路。

(by@菁城子)

管制面具：外部性

前段时间和一位学戏剧的朋友吃饭，谈艺术。世道好俗，雅鉴艺术者太少，这位朋友主张政府补贴艺术，让平民享受低价艺术。我是反对这政策的，不只艺术，政府同样不该补贴博物馆、文化研究院。理由很简单：政府不应用税金为少数人的趣味买单。这是在培养特权阶层。这位朋友说："艺术是有外部性的，它提高民众精神品位，陶冶民族情操。艺术远远超越经济本身，是国家'软实力'的体现……"

这是我最近第三次听到"外部性"这词。第一次是出自一位互联网工程师之口。他说互联网具有很强的外部性，它能带动实体经济飞速发展，政府应优先发展互联网。上次是出租车广播里的专家说，自驾车上马路是在制造外部性，马路上每增加一辆汽车，行驶速度将会减慢，多到一定程度就会拥堵，这也是外部性。这种外部性是"负效应的"，政府应该对汽车限购。至于像艺术、互联网这样的好东西，外部性就是"正效应"的，政府应该扶持。

关于"外部性"，简单说行为者给他人创造收益却无法收费，这是正外部性；行为者给他人造成损失却无法承受代价，这是负外部性。某户人家养狗看家，由于这凶狗的威慑，邻居也得到安全保护，这是正外部性；这狗夜吠，扰邻清梦，这是负外部性。至于养狗让邻居获益还是侵害利益，就是"外部性"论者鼓动不烂三寸的空间了。

任何人的行为都会对他人施加影响，判定这种影响的后果是很片面的。以"外部性"施加法律上的干预，往往会造成新问题。举例而言，工厂排污使空气变坏，通常是所说的"负外部性"，要施以"污染费"惩罚。问题是空气变坏同时使就业增加、经济繁荣。这些都是很有价值的"正外部性"。争论者往往是两拨人，谁的利益更重一些呢？工厂排污侵害了谁的权益，损失有多少，应该怎么补偿受害者？这些都需要追问。否则政府可以漫天开价，对几乎所有经济活动进行干预。

从细微看，人们更关心"负外部性"的利益损害。这种"受损害"不能是泛泛而谈，它应该指向具体的人身伤害，财产损失，否则感观不爽或身心不适都能成为干预他人行为的理由。这就涉及到权利界定。政府需要做的事情，是对大量公共领域进行私有化，允许私人创设产权形式。例如海岸滩涂、河流的私有化，城市小区的契约自治，这些都有利于解决"产权不清晰"导致的争端。随着科技发展，从前一些貌似不可能进行区分的公共领域，都可以逐渐地私有化，例如道路、天空、海洋、频道资源。从宏观上看，随着人类文明进步，个人活动互相影响的"外部性"总体是正面，典型表现是知识越来越丰富。知识可以传播继承，并广为分享。这是人类活动最大的"正外部性"，根本不需要经济学家担心"有人吃亏"。相反，政府出手支持"正外部性"，乃是以更多的税收和管制为基础的，这些都是在减少繁荣。

总而言之，"外部性"是大有问题的概念。人类社会生活的互相影响非常多样，只要没有侵犯权利，就有必要包容异己，习惯世界的参差多态，尽力地调整自己的行为适应世界的变化。这种调整往往意味着效率和文明。政府参与其中，只会让"外部性"的矛盾变得复杂。公共品的产权不清晰，规则无法讨好所有人，造成麻烦无法问责。因此，将公共品转化为私人品，以侵权责任替代"外部性"，才是此类问题的正确解决方向。

（by@菁城子）

二手市场消失了吗

前几天搬家，想买张旧沙发，无事就到二手家俱市场闲转。旧货市场上的东西果然便宜，一百多元就能买到七成新的单人沙发，对租客而言实在是大大的划算。它的便宜让我不放心起来，一边摩挲一边假意问："里面不会是烂的吧？"老板没好气："这么便宜肯定买不到全新，好不好你自己看。"听他话头，我赶紧付款拉走——像在地摊上淘到宝的藏古癖。

最近翻书看"信息不对称"理论想起这事。经济学家阿克洛夫写了一篇文章《柠檬市场》谈二手市场上的"信息不对称"，得了诺贝尔经济学奖。他说，旧车市场上的二手汽车（美国俚语称为"柠檬"）有好有劣，通常只有卖家了解它们的真实价值。买家处于"信息不对称"的地位，他们对二手车质量通常缺乏信心，于是压低价格，以免吃亏；卖家不甘心好车被压低到平均价格以下，于是减少好车供给。久而久之，二手车质量就会越来越差，直至市场消亡。

这是一个劣胜优汰的忧伤故事，乍一听有几分道理，可是你必须面对现实：二手车市场并没有消失，反而成为了巨大的产业。据说阿克洛夫曾拿着这篇论文四处投稿，有编辑回信说：按照你的理论，二手车市场会趋向消亡，可是现实并非如此。

有两位经济学家针对"柠檬市场"进行了实证调查。小约翰·洛特对市场上的二手汽车进行了调查，发现事情并非如"柠檬市场"所说。约翰·洛特发现，由于广告和中介资讯（类似于中国的汽车论坛)的发达，二手市场商人的信誉竞争，较新的二手车价格并没有比新车低多少。它们仍像新车市场那样以质取胜。另一位经济学家埃里克·邦德则对二手货车市场进行了调查。二手货车买主通常是分散的个人买家，按一般观念，他们完全处于"信息不对称"的不利状态。调查却发现，购买二手货车者通常有丰富的维修经验，他们能够挑选最划算的汽车。不一定是最好，而是他们认为最合适。

2001年阿克洛夫获得诺贝尔经济学奖，质疑他的声音几乎湮没无闻。"信息不对称"成了攻击"市场缺陷"的主要理由，研究解决"信息不对称"成了经济学家的显学。他们开出一大堆药单——既然证明了"市场失败"，那就求助于政府。例如阿克洛夫，虽然他观察到市场解决"信息不对称"有一套担保、品牌、连锁经营等制度。这本来体现了市场运行的和谐，却被他当成"市场缺陷"之外的"矫正"。他提出执业许可制度可以减少质量的不确定性，医生、律师和理发师都需要执业许可证明。这就开启了政府管制的大门。

为什么"信息不对称"不是问题呢？任何人都不可能全知全能，这是市场运行的基础。正是因为有人独具医学知识，他才成了医师；有人料定黄金上涨，买入者才能发财。信息不对称是市场经济的常态。人们又希望消除不安，对信息有巨大需求，这就造就了一大批人投身此项服务。中介就致力于消除"信息不对称"，竞争的压力迫使它们提供真实、准确、完整的信息。这就是今天求职、中介、咨询等网站繁荣的原因。正如稀缺是市场的常态，市场在解决着稀缺问题，"信息不对称"亦同理，它正好体现了市场的成功，而非失败。

批评市场"信息不对称"的人们，就像阿克洛夫一样，只是描绘了一个事实。这本来是他们的商机，却被白白浪费，拱手交给政府，成为管制的理由。正如某个经济学家观察，市场上某种价格低廉的新药由于具有特效，成本低而卖价高，这正是药品竞争的好时机。如果呼吁公开成本消除"信息不对称",进而根据成本限价,利润空间被强制消除,民众想要获得新药,恐怕是难于登天。一个"信息不对称"被强制消除的市场,通常意味着政府掌握着全部信息,商人没有活跃空间,这并非民众之福。

（by@菁城子）

为何你总被医院乱开药

近期国际药企巨头葛兰素史克在中国深陷商业贿赂丑闻，更令人震惊的是，所有的知名跨国药企几乎都曾在中国涉嫌商业贿赂。

少数企业搞腐败可能是自身的问题，但当腐败成了整个行业的普遍现象时，必然是相关的制度出了问题。具体到此次葛兰素丑闻，相关的制度就是政府对药品价格的管制。

哪里存在政府管制，哪里就会存在腐败寻租。葛兰素等企业的商业贿赂，就是药价管制的直接结果。政府管制药价的初衷是要降低用药费用，但是，从来就没有一个通过政府管制药价降低用药费用的成功例子。

对药价的管制，不独中国才有，很多国家都对药价实施管制，比如法国、加拿大等发达国家。不能否认严厉管制药价的效果非常显著，法国的平均药价是全欧洲最低的。然而，法国人花在药品上的费用却并未降低，法国用药费用占医疗费用的 17％，超过了美国的12.4％，而美国则并未管制药价，药价完全由企业自主确定。日本的情况更能说明问题，1980 年到 1993 年日本药价管制期间，日本的用药费用非但没有减少，反而增加了 59％，处方药的用量大为增加。

这并不难解释，政府能严格管制药价，却无力左右整体用药费用的降低。即便药品的价格降低了，医生可以通过多开药以维持用药费用（数量上多开或者塞进些对治病没啥影响的药）。也就是说，药价管制引导医生不正确开处方、滥用药，患者无从判断哪些药真正起作用。

回到中国,毫无例外,近十年发改委等政府部门调控药价的次数数都数不清,但是国人的用药费用从来就没见下降过。非但没有降低用药费用,中国的医疗腐败反而愈演愈烈,腐败几乎渗透了全行业。

央视前几天披露,福建漳州市纪委调查发现辖区内 73 家医院涉嫌医疗腐败,公立医院全军覆没,一千多名医务工作者涉嫌吃回扣。倘要仔细追查下去,中国能有几家公立医院能逃开医疗腐败呢?

中国的医疗腐败如此普遍存在,直接原因是公立医院的"以药养医"。所谓以药养医,说白了就是医院得靠卖药挣钱才能养活自己。数据显示,在三级医院药品收益平均能够占到医院资金来源的 50%,而在二级医院这一比例超过 60%,卫生院、社区卫生服务机构的这一比例甚至高达 70% 以上。

公立医院能够如此做,依靠的是其在医疗服务市场上的行政垄断地位。行政垄断带来的结果便是,质量低价格高的医疗服务以及遍地开花的腐败寻租。只要政府对药价的管制还照旧,医疗领域的行政垄断不废除,葛兰素以及漳州的腐败丑闻,将会不断反复上演。

(by@喻涛 1991)

禁止旅游购物的代价

国庆假期未至，我身边有同事就提前休假旅游了。一问才知，10月1日起新颁布的《旅游法》将正式实施，禁止旅行社带团购物，那些依靠回扣、佣金盈利的旅行社不得不大幅涨价，旅游价格竟至翻番。9月份是大限之期，同事急忙调休旅游，享受这最后的廉价。

最近十几年中国人生活水平提高，每至假期各景点人如潮涌，出国旅游也普遍起来。虽然"团游总是兜商场""好多景点都收费"的抱怨声常有，这不妨碍民众选择价格低廉的旅行团。价格一降再降已是不争事实，一个重要原因是：旅游成本通过市场运作分摊，相关产业都参与进来，甚至"零收费"也常出现。指责"居心不良"的人们总以为低价背后隐藏着阴谋，事实上是缘于他们对商业的无知。

买卖如何收费，听起来简单，实践中却变化万端。最简单的是一手交钱，一手拿货；淡季促销，团购打折。即便对消费者打出超低价格甚至免费，商家也能实现盈利。

20世纪无线电应用后，最初只用于政府广播公共信息。时任美国商务部长的赫伯特·胡佛宣称："我不相信存在让听众付费可行的办法。"他刚说完这话不久，电台就宣布取得盈利，方法就是今天常见的售卖广告。广告扩展到电视领域，并且成为一项发达的产业，当代人几乎不用付费就能观看各类型的电视节目。很多人会说，生产商只是把广告费都转嫁到商品价格，消费者负担并没有减轻。这种说法忽视了广告所起的"规模效应"作用。广告帮助生产商扩大销路，降低单个成本，事实上是有利于消费者的。很多消费者声称厌恶广告,却在行动上支持(尽管他们把这种支持称为"忍受"广告)。

有些商品的免费并非面对全部,他们偶尔也会推出收费项目。最典型的是互联网游戏,很多运营商通过免费吸收大量用户,在游戏过程中甄别忠诚用户并向他们收费。这部分人比例不高,数量往往不小,他们的付费就能支撑起整个项目营利。这样的模式很常见,很多游乐场所都靠这样的方式维持运营。

免费产品有时是捆绑在其他商品之上的,最典型的有充话费送手机,买桶装水送饮水机。免费是为了吸引消费者,使他们将来在增值服务上或其他业务上能够掏腰包。

理解这些盈利模式不需经济学知识,只需要熟悉并正视商业。有一点很肯定:这些策略的基础是灵活多变的契约,只可能在自由市场中存活。官员们理解不了商业逻辑,他们最常见的做法是禁止。电视观众讨厌广告,就向政府呼吁要求禁止商业广告;旅游者抱怨"旅游总是逛商场"就要求查禁。粗暴干预的后果是消灭低价服务,让愿意接受"附带条件"的人们失去选择机会。旅行团以超低廉价格吸引游客(有些价格低得甚至连交通费都不够),意味着将盈利转移。商场购物,景点提成,只要没有强买强卖,他们就会取得收益。大量旅客因此享受到了低价的旅游服务——出国旅游在很多人那里,从梦想变成了现实。

很多人根据一些新闻描述,就将游客想象成被裹挟待剥皮的可怜儿。在现实生活中,很多游客也有购物需求,导游不过是投其所需,各取所求。全国每年旅游人次以数亿计,出国旅游也有数千万,发生强买强卖,胁迫购物而引起关注的却不多见。即便如此,只需要追究违反合同,侵害旅客人身权利论处。政府希望将以往旅客抱怨的事情一扫而净,代价却是价格普遍上涨,很多人连抱怨的机会都失去了。

(by@菁城子)

废除政府补贴才能淘汰落后产能

日前,工业和信息化部公告 2013 年首批 19 个工业行业淘汰落后产能企业名单,力争在 9 月底前关停,其中水泥、纸业等行业涉及公司较多,分别为 140 家与 274 家。

产能是否落后依靠技术评判,显然是有问题的。比如,街边的小摊,几乎没有什么技术含量,得算是落后产能吧。小摊能存活下来,说明能适应市场需求从而盈利。所以,如果硬是要定义落后产能,那就是指那些无法适应市场需求的产能。

无法适应市场需求的产能,那便是过剩的产能。的确,淘汰名单上的企业,都属于所谓的产能过剩行业,比如钢铁业。企业投资错误,必然会遭受损失,自然会停止错误的投资。个别的企业出现产能过剩问题,是企业家判断失误的结果,属于正常的市场现象。这无法解释大规模行业性的产能过剩现象,那又是怎么出现的呢?

因为政府的干预和补贴,因为政府的产业政策。政府的产业政策总是盲目的,政府没有能力判断究竟哪些产业是符合未来的市场需求的,只有企业家有这个能力。如果一个产业很有希望,自然会有企业家去投资,根本不需要政府的扶持。如果某个产业离开了政府的扶持,都没法在市场上维持下去,那么,这样的扶持无疑是在浪费纳税人的财富。

以钢铁业为例,资料显示,沪深两市 35 家上市钢企,在 2010 年和 2011 年分别获得了当地政府补助 13.43 亿元和 30.57 亿元。2008 年,政府出台的四万亿经济刺激政策,钢铁业属于拉动经济的支柱产业,获得了政府的大力扶持。值得注意的是,中央政府屡次发文淘汰落后产能企业,但最后许多名单里的企业实际并未被关停。原因也在于,地方政府对这些企业的支持。

事实正如周其仁教授所言,只有在那些政府扶持的产业,才会出现行业性的产能过剩。近年来时髦的是,政府打着环保低碳的旗号,扶持新能源产业,因而,新能源产业的产能过剩就不令人意外了。据报道,中国风力发电机组制造业目前产能闲置逾40%。

当然,最明显的例子还得算光伏产业,最近这些年,中央政府以及地方政府无不大力扶持光伏产业,对光伏企业给予各种政策优惠和补贴。光伏企业一时风光无限,但是到今天,光伏产业已经严重产能过剩,许多光伏企业面临破产的尴尬境地。

对于太阳能的扶持,美国也是一样。Solyndra是一家美国太阳能公司,美国联邦政府为其提供贷款担保。奥巴马曾称赞道,正是像Solyndra这样的公司带领美国走向更美好、更繁荣的未来。然而,不到两年的时间,Solyndra便宣告破产。

毫无疑问太阳能光伏产业从技术上看是先进的,但是从满足市场需求来看,算是十足的落后产能。令人遗憾的是,光伏产能不但未被列入落后产能,反而之前国务院出台了《太阳能光伏产业"十二五"发展规划》,将太阳能光伏产业列入中国未来发展的战略性新兴产业重要领域。意思很明确,政府还将长期为光伏产业兜底。

淘汰落后产能当然是应该的,但不需要由政府发红头文件来执行,市场本身就会淘汰那些落后的产能。而政府恰恰是产生落后产能的根源,废除政府的产业政策,取消政府的补贴,才能从根本上防止落后产能的出现。

(by@喻涛1991)

标准定高了食品就安全了？

前几天,国家食品安全风险评估中心主任助理王竹天的一番话引爆网络,遭到众多网友的冷嘲热讽。他的意思是食品安全标准不能脱离国情,不能拿发达国家的标准来要求中国。

食品安全问题,越来越成为媒体与网络聚焦的热点,翻开报纸打开电脑,食品安全的新闻越来越常见。这些报道少有不是负面的,看完报道刷完微博细细一想,好像在中国吃什么都是不安全的,除非你是官员能吃到特供食品。事实上,中国的食品是越来越安全的,别的商品都越来越好了,没道理唯独食品在变差。

人们越来越关心食品安全问题,其实说明了人们生活水平的提高,当吃得饱都是问题的时候没人会关心吃得好不好。王竹天受到指责,隐含的逻辑是,食品安全标准越高,人们吃到的食品就会越安全。可是,这完全是错误的,政府制定的食品安全标准并非越高越好。

市面上各种各样的食品,有高质量的,有中等质量的,也有质量较差的。自然,一分价钱一分货,质量更高一般价格也会更高。人们根据自己的实际情况选择不同的食品,有钱人吃得好,穷人也吃得饱,各取所需。

当政府制定一个较高的食品安全标准之后,情况就变了。那些在有钱人看来质量低劣的食品,很可能就达不到政府的安全标准,将会停止生产。这对于有钱人而言当然没影响,因为他们根本就不会买这些食品。但对于穷人而言,他们没那么多钱去买质量高够标准的食品,只能买这些质量低劣廉价的食品。所以,政府一旦制定很高的食品安全标准,会对穷人的生活造成很大的冲击。

不光如此,食品安全标准一旦过高,还会诱使企业造假。中国奶业的三聚氰胺丑闻就是活生生的例子,乳制品蛋白质含量标准定太高,很多奶企根本达不到,于是加入三聚氰胺。

就算政府为食品安全制定了高标准,有人接下来还会呼吁政府监管要严格。每次有较大的食品安全方面的新闻曝光后,都能见到上述的呼吁。然而,他们忽视了政府的监管成本以及相关官员的腐败。加强监管的另一面,就是政府及其官员权力的扩大。

既然政府制定高的食品安全标准如此不堪,那食品安全谁来保障呢?食品生产商销售商的相互竞争就是保证,第三方的监督比如媒体就是保证,日益改变我们生活的淘宝就是对此最好的证明。这当然是另外的问题,我主要想说的是,政府制定高的食品安全标准的结果会是事与愿违的。

(by@喻涛 1991)

家电节能补贴那么好?

几天前,国家审计署报告称,格力、格兰仕、TCL、美的等家电企业多报节能空调销量,骗取国家节能补贴共计9000多万元。

这些知名企业的骗补行为,遭到了媒体与网友的强烈批评。然而,对于家电节能补贴政策本身,却很少看到质疑的声音。

哪些节能家电可以有补贴、补贴多少,诸如此类的问题,一概由政府说了算。节能家电应该节能到何种程度才会有市场,这些只有不断试错的企业在市场上才能发现。为了拿到补贴,家电企业不仅有可能骗补贴,还有可能去贿赂那些有决定权的官员。

补贴节能家电的钱不会凭空而来,都出自税收。整体上看,这样的二次分配,就算没有腐败,也还存在行政成本的消耗。节能家电补贴政策实施,只有买了节能家电的人才能得到好处,可是所有人都是交了税的。因为节能家电价格略高,只有相对富裕的人才更有可能购买节能家电。如此看来,节能补贴政策的实质就是穷人在补贴有钱人。

在没有补贴的情况下,有些节能家电可能没有市场或者市场很小,然而在政府发放补贴后,市场反应变得不再敏感。如果节能家电真的受消费者欢迎,哪里还需要政府的补贴呢?补贴政策会扭曲企业正常的生产结构,导致某些本没有市场的产品的生产过剩。家电下乡政策就是一个很好的例证,很多厂家最后发现他们生产的家电下乡产品销路极差。

家电补贴政策说是可以拉动消费,有益于经济发展,可是如果没有生产出东西,我们去消费什么呢? 刺激生产的方式很简单,政府给企业大力减税,减少各种行政干预就行。给企业减税少管制,企业生产的商品价格自然会下降,这带来的好处能让所有人都能享受到的。

节能家电补贴政策实施了整整一年,到今年 5 月 31 日终于停止实施。类似的补贴政策还会不断出台,万变不离其宗。

(by@喻涛 1991)

铁路总公司应出售资产偿还债务

新成立的铁路总公司顶不住债务压力,最近放出"请求国家免除债务"的风声。根据铁路总公司一季度的财务报告,税后利润为 -68.76 亿元,总负债达 2.84 万亿元。从 2007 年起,伴随着大规模铁路建设,铁道部负债率从 42% 开始一路猛涨,直至目前的 62.31%。这一速度的增长几乎无法停止下来。虽然今年铁路投资速度有所放缓,但是巨额债务的利息对于没有盈利能力的铁路公司而言,就已经是一笔天文数字。从长期看,铁路建设的"十二五规划"没有做出调整,新建设铁路将会成为巨大的新债务来源。

目前铁路总公司的负债水平高到什么程度呢?横向对比一下,今年一季度铁路总公司的负债是将近 70 亿元,按照它的亏损增长速度,全年将超过 300 亿,而去年十家上市央企亏损总额则为 458.17 亿元。这是一架令人生畏的吞金机器,再多财政补贴恐怕也难餍足它的黑洞。巨额债务如不解决,将给银行业带来巨大海啸,并对中国经济产生连锁性的破坏。

将希望寄托在政府身上,由政府揽下这笔债务,这相当于全体纳税人买单。且不说是否正当,就它的体量恐怕也一时难以消化。2012 年全国财产总收入为 10 万亿左右,政府如果长期给它填窟窿,恐怕也是一笔不小的负担。受政府溺爱的铁路总公司没有提高经营效率的动力,并且将极力推动铺张浪费、毫无效率和节制的铁路建设。经营低效的民怨压力则由政府承担。无论从民众负担和政府承受的压力,纵容铁路总公司都是十分糟糕的选项。

当前放缓"大跃进"式的铁路建设十分有必要。刘志军主政的铁道部时代，无论是高铁还是干支线的建设，都没有进行经济效益的核算。政府主导的铁路建设一旦走上政策轨道，浪费将不可避免。正在讨论立项的项目应该停止，未上马的项目应当暂缓并进行充分论证。暂缓新项目建设利于阻止错误投资的蔓延。

解决债务危机的另外一个办法是出售铁路公司的优质资产。铁路总公司整体的摊子非常烂，但是在投资建设中确实有大量优质资产，一直没有发挥应有的经济效益。以京沪高铁为例，据铁路人士计算，京沪高铁由于订价和营销机制不够灵活，平时经常保持40％—50％的客座率，节假日高峰期往往也只达到80％的客座率。这种情况在全国铁路干线普遍存在，即"平时吃不饱，节日吃不下"。由于火车售票经常要考虑"社会效益"，对学生、军人等客流采取减免票费，只顾及政策效益，未计入经济核算，影响了铁路收益。对铁路沿线的经营开发也几无建树（在西方国家，私人铁路公司有强烈动力进行房地产开发，以提高铁道线路价值），这些效益由于国企属性的慵懒、低效被长期压制住了。将铁路干线和部分支线（例如沪宁和广深地区）分铁路局、路段、路网分拆，出售给私营企业，将是很好的出路。这绝非不可思议。2012年上市央企亏损严重，中远和中铝都分别出售优质资产以偿还债务。从长期看，这是消解央企膨胀，抵御国进民退，增强民营经济的好方式。当然，出售铁路资产的重要前提是保障企业权利，保护其经营方式和利润开发，防止一进三退的行业开放和"撒网捕鱼"。

铁路能不能赚钱，这是很多人疑虑的问题。目前巨额债务的原因是政府主导下的过度投资和经营不善。在世界范围内，私营铁路往往都能起到很好的效益。2009年巴菲特旗下的伯克希尔公司收购了全美第二大铁路运营商北伯林顿铁路公司。巴菲特称这家铁路公司在未来100年以内都是"优质资产"。到2011年的时候，经过改造的北伯林顿铁路公司通过成本控制和灵活的业务，就已经实现盈利。铁路效率低的印象是政府长期经营给人们留下的刻板印象。事实上在中国这样路程遥远、大宗商品和能源运输都依赖铁路运输的情形下,铁路的效率改进还有很大的空间——当然,只能是富有激励机制的私营企业才可能实现。

铁路私有化不是空洞的想法,实现的途径有很多。例如路网分拆、路局切割、股份分散并允许私人购买、允许私营企业并购,这些都值得研究。其目的都是铁路的所有和经营权利,真正地落实到民间。政府应该退出铁路的建设和经营。在各种解决债务危机的方案中,必须特别警惕铁路公司"股份制改造"进而上市融资。这种超级央企一旦进入股市,将激起惊涛骇浪,形成吸附股民财富的深渊。到那时,铁路公司起死回生,破除垄断将遥遥无期。

(by@菁城子)

撒切尔夫人的遗产:私有化无禁区

　　从1990年撒切尔夫人辞任英国首相起,人们似乎就从没停止过盘点她的政治遗产。这位英国现代政坛最强势,执政最长的首相确实有很多值得讨论的地方。例如她明确将哈耶克和弗里德曼的学说作为执政纲领,誓言不让英国走上"奴役之路"。在经济政策上,她大力削减国家福利,不遗余力地打击工会势力;实行货币主义,控制通货膨胀。她解除了大量政府监管,解除了汇率管制。军事上,她以强力手腕击退阿根廷对福克兰群岛的占领,为大英帝国挽回面子。外交上,她和美国里根总统结盟,领导了自由市场在世界范围内的复兴运动。这些都是值得细数的事迹。在我看来,她的执政履历中最有效的措施是持续而坚定的私有化——大量国企和公共事业被卖给私人和企业。

　　欧洲战后长期流行的政治哲学是社会民主主义。社民党人认为,政治领域上应实行民主,以区别于苏联式的独裁统治;经济上他们厌恶资本主义"自由放任",甚至将二战归结于资本主义"恶性竞争"的结果。二战之后社民党风靡欧洲,在英国的体现则是工党复兴和长时期的执政。二战后艾德礼工党政府上台后就主张建设"福利国家",并且将充分就业作为政府执政目标。他们欢迎国企,将国企作为实现充分就业,调节"社会公平"的工具。这套经济政策糅合了计划主义、福利主义和凯恩斯主义的思想,归根结底是扩张政府在经济生活中的作用。在此推动下,战后英国经历了两拨国有化浪潮。从银行到煤矿、航空、通讯、运输、电力、煤气、钢铁,几乎所有关系"国民经济命脉"的行业全被收归国有。丘吉尔上台之后,这拨国有化浪潮才告暂停。1970年代英国经济陷入困境的时候,执政的工党政府将国有化作为拯救经济的手段,汽车、机船、火箭、电子等新兴产业都被纳入国有化。撒切尔夫人执政前夕,英国经济的国有化在西方国家处于较高水平,煤炭、电力、铁路、邮政等系统的国有化程度都是100%。在汽车、火箭、电子等新兴行业,国有化的程度往往超过50%。

国有化使英国经济得上了"英国病"——这个词现在被用来形容20世纪六七十年代,英国经济衰退的"滞胀"状态。其表现形式是,经济增长缓慢,失业率居高不下,通货膨胀严重,社会矛盾丛生。大英帝国逐渐缓慢地滑入到"三流国家"行列。分析其中原因不难发现,国有化正是英国经济失去活力的重要原因。国有企业没有利润目标,它们的存在被政府定义为"提供公共服务",丧失了创新和成本核算机制,因此长期亏损。在国企内部,人浮于事,听命于政府官僚和工会阶层的现象十分严重。从1973年到1980年,政府以贷款、赠予、注销债务等形式对国企累计注资超过250亿英镑。仅1978年到1979年度,政府对煤矿、铁路和钢铁行业的财政补贴就高达18亿英镑。这些财政补贴的代价显然是以高税收和通货膨胀为代价的,而税收和通胀则更长时间地损害着英国经济。

国企的特权地位使工会成为特权阶层——政府将国企和公共事业当成"保持充分就业"的手段,工人被特殊保护,这样的政策后果是国企工会的强势。在私营企业,企业家可以通过各种手段瓦解工人之间的联盟和讹诈。在国企,工人就是有恃无恐了。工会贵族动辄组织罢工,以民众利益作为要挟向政府要求加薪和福利,造成社会动荡不安。招工容易辞工难,人浮于事,效率低下,原本长期亏损的国企不堪重负。

撒切尔夫人执政后,国企私有化成为新政重点。1979年,英国政府出售英国石油公司(垄断国企)19%的股份,拉开撒切尔时代私有化的序幕。超过100万的公共住宅以折扣价直接卖给私人。在撒切尔第一届政府时期,私有化多是以解除管制,鼓励私人参与竞争的形式出台。例如政府规定高速公路建设和地方汽车运输行业必须对私营企业开放,实行自由竞争。当1984年保守党连续执政,工党发生内部分裂时,撒切尔的私有化则是以放开手脚,大规模出卖国企为内容。英国电讯公司、宇航公司、天然气公司、钢铁公司、自来水公司等垄断巨头的股票被卖给民众,甚至皇家军械公司也被卖给了私有化之后的宇航公司。同时,撒切尔政府积极地将"社会公共服务"推向市场,鼓励私人企业参与社会服务。那些原本由政府财政负担的公园维护、垃圾清扫、校园伙食、精神病院、福利医院都可以由私人提供,甚至少管所和监狱都可以在政府协助下由企业建造。1988年英国保守党年会上,撒切尔夫人宣布"私有化无禁区"。正如她所说的那样,1980年代的英国政府确实对积弊深重的国有病进行了"刮骨疗毒"的治疗。在全世界范围内,这股私有化浪潮甚至影响到中国,推动了中国的国有企业体制改革。

撒切尔夫人的政策对英国经济发展起到了积极影响。通货膨胀和资本流失被逐渐控制,私营企业和劳动力市场恢复活力。当然,在私有化政策之外,其他支持自由市场的政策也起到了很大作用,例如解除管制,控制货币发行,削减福利开支。这些政策的共同目标是减少政府干预,让企业在经济生活起主导作用。

就在撒切尔夫人逝世的前几天,中国经济学界经历了一场"国企私有化"的大辩论。从历史的角度看,这场辩论的话题是非常令人遗憾的,因为多数经济学家没看懂国企,还在为"国有企业存在合理性"辩护,声称"国有企业也能搞得好",其间不乏诺贝尔经济学奖获得者。国有企业由于产权不清晰,利润机制不能发挥作用,在市场竞争中注定是低效和浪费的。这种低效浪费往往因为垄断特权和政府扶持,使它的缺陷难以显现出来。国有企业无论盈利还是亏损,都要以私营企业者被挤占和纳税人被剥夺为代价,获益的只有政府。国企对民众福祉的利害祸福,无论是在理论还是现实,都是很容易辨别的事情。纪念撒切尔夫人,纪念她卓越的智识和勇气,理解她所留下的遗产,对于中国这样高度国有化的国家,显然有特殊的意义。

(by@菁城子)

印钞经济学

最近新闻，美国负责铸印钞票的部门犯了大错，3000万张100元美钞因油墨过多，线纹与设计不符，无法投入市场使用。价值超过30亿美元的钞票将可能被销毁。大家都知道，"价值超过30亿美元"只是这批钞票的面值，真实损失仅仅是雕版、纸张和其他费用。情况还不算太坏。

这批钞票投入市场之前，它们仅仅是一堆纸——顶多算加工过的纸。由于美元和黄金脱钩，钞票指向政府信用，并没有对应真实物品。政府印钞只是给市场灌注"信用"，吹大泡沫。在现代社会，新增货币通常只需在电脑上增加几位数就能完成。政府"生产货币"并没有创造真实财富。那么主流经济学所说，新增货币"刺激经济增长"是怎么来的呢？

凯恩斯理论认为经济动力源自消费，储蓄只会降低资本的使用效率。因此凯恩斯主张政府应宽松货币，压低利率，降低储蓄率，"逼迫"人们把钱花出去促进相关产业发展。通货膨胀使人们手中的钱变得不值钱，迫不急待地花出去。如果民众花钱不积极，政府就会出手"刺激消费"，例如动用财政资金补贴，或者建设大型工程。据说消费能带来一些好处，例如增加就业和某些行业发展，而这些新增加的就业又拉动了其他产业发展。

法国经济学家巴斯夏曾撰文批驳"破窗理论"，提到这种"乘数效应"的荒谬。小男孩打破邻居家窗子，原来可以用作它途的储蓄减少，怎么会促进经济增长？巴斯夏这篇文章的名字叫《看得见和看不见的》，同样也可以用来说储蓄问题。看得见的，是生产要素被动员起来，一派繁忙景象。看不见的，这些储蓄原本有其他用途，却被政府用在低效率的领域，有些直接消费掉，未能用作将来的生产。经济发展的持久动力，只能源于储蓄。生产发展了，消费自然也就提高。刺激消费只能带来某些领域一时兴旺，真要吃光败光，凄凉散场。

政府开动印钞机，就是要鼓励花钱，从长远看它是不利于经济增长的。还有看不见的，政府印钞并非均匀分配，价格信号受到扰动，多出来的货币流通到哪里，哪里价格就会上涨，同时财富也在进行分配。先拿到货币的人胜人一筹，最后接棒者往往所剩无几，物价上涨早就在侵蚀他的财富。

古代君王想要开疆拓土，施展雄才大略，必得大肆地征税敛财。征税成本高，容易引起民变。君王们也想过铸币敛财，并且他们一直没有放弃努力。汉朝盐铁专营、统一铸币的重要背景就是对外用兵。古代铸币虽然也制造通货膨胀，但是和纸币的威力相比，简直不值一提。历史上动辄几百倍几千倍的通货膨胀，都是发生在最近一百多年。人们通常能理解恶性通胀的危害，却对"温和通胀"持欢迎态度，这在逻辑上是不一致的。建立一个遏制通胀的货币制度，对于减轻政府对经济的破坏作用，具有重大的意义。这一切，还需要从破除"刺激经济"的迷信开始。

（by@菁城子）

不必羡慕免费医疗

　　医疗、教育、住房是中国社会民怨极大的三大问题，素有"新三座大山"之称。政府解决看病难，应当加大医疗经费投入，为困难群众提供免费医疗，并逐步建立医疗体制。教育事关儿童成长和未来社会公平，政府应当加大教育投入，实现真正的"儿童免费入学"。住房更不用说了！住房是基本需求，政府当然有责任予以保障，所谓"安居才能乐业"。如果房子由开发商提供，他们一定会把房子炒到天上去。

　　这些观点非常流行，可惜都是错的。今天中国面临越来越明显的福利主义转向，而它的危害还没有被真正认识。福利主义的另一个名字叫"政府包办"，无论它的许诺多么动人，后果无疑是灾难性的。中国改革开放事业的特征是，将更多领域从政府控制下解放出来，交给市场，福利主义思想则刚好相反。警惕福利主义，防止改革走回头路。

不必羡慕免费医疗

　　一则"俄罗斯将实行全民免费医疗"的新闻近日在各大网站疯传。众多媒体人以艳羡的心态评论：想不到俄罗斯还是走到前头去，到底人家普京有本事。

　　我对这条新闻起初抱怀疑态度看：一来俄罗斯媒体也是谣言遍地，这么重大的新闻，居然只有《共青团真理报》短短几行语焉不详的报道？二来近年媒体对"免费医疗"抱有过分热情，到处挖掘国外免费医疗事例。从欧美发达国家，到古巴印度，甚至还有人将朝鲜列入吹捧范例，水份之大自不待说。俄罗斯和中国同为转型国家，经常也有"全民免费医疗"的说法出现。2012年《人民日报》"求证"栏目约请70多名驻外记者调查，发现只有古巴实行真正意义上的全民免费医疗，即患者看病无需花任何费用。其他一般"免费医疗"国家大多只是部分免费或医疗保险支出。

　　经过查证，俄罗斯"医疗免费"的新闻并没发在当天《共青团真理报》上，只是网站做了刊载。医疗免费是宪法早就规定的内容，此次卫生部长也只是公布愿景，并且承诺"保证医疗服务项目每年都会增加"。真正的全面免费何时落实，尚不得知。事实上即便成真，恐怕也摆脱不了这样的困境：缺医少药、排大队、等长龙，效率低下。很多人为了在公立医院做个小手术，往往要排一两年；在私立医院固然又快又好，价格高昂足够让人脱一层皮。这些景况在福利国家早已不是新闻。不知道对免费医疗欢欣雀跃的人是否准备好了承受代价。

　　有人举瑞典为例，作为北欧福利国家的代表，瑞典才是免费医疗的样板。然而近年越来越多研究显示:瑞典对福利主义的弊害并无免疫力。庞大的公共开支带来的高税收正让私营企业陷入衰退。医疗事业也日益变得官僚化。政府的医疗计划让私人医生难以为继,他们要么放弃职业,要么大幅提高价格。公立医院充斥着懒散、排队和无精打彩的医护人员。到七八月份病人集中的时候,医院往往陷入瘫痪。瑞典人确实实现了"低价"甚至"免费"的医疗服务,不过从长远看,整个行业处在缓慢衰退中。这一点,和任何实行全民免费医疗的国家没有任何区别——只不过瑞典整体经济基础较好,耐折腾罢。

关于免费,中国人有过十分痛苦的"吃饭免费"历史。大锅饭制度下,生产由官僚根据计划实行,很难激发起人们的积极性,也不能有效率地进行分配。供给越来越少,寄生者越来越多,整个系统最终难以运行,以致发生了大饥荒。现在的"免费医疗"稍强一点的地方在于:私营业者没有被消灭,他们尚有回旋余地。不过随着民众被"免费"吸引,市场越来越狭小,规模效应无法实现,行业就慢慢衰竭了。虽然不像"吃饭免费"饿死人那么酷烈,它的危害性却有很大隐蔽性。

理解中国民众"看病难"应该具有历史和行业眼光。从过去二三十年来,中国医疗事业有了极大发展,看病难已有极大缓解;尤其在某些专科门诊,私立医院和诊所竞争非常激烈,价格也一降再降,民众治病基本不成问题。在西方,牙科是大手术,看牙往往要花大钱,牙医成为富得流油的行业。这在中国几乎不存在。原因就是,医疗市场化在某些领域推进得比较深入。"看病难"主要体现在全科大医院,尤其是大手术,这恰是管制最严重的领域。想提高民众福祉,应该深入市场化改革,允许有能力的医生和企业家行医竞争。羡慕俄罗斯的免费医疗,搞"大锅饭",只能让问题更严重。

(by@菁城子)

保障房本就是特权房

据报道,各地保障房频变公务员福利房,专家指出"如果不解决制度问题,类似事情还会发生"。事实上,政府建设的保障房本来就是特权房,保障的是那些有权有钱有关系者。

郑州市三分之二的经适房都被相关部门拿走、深圳厦门保障房分配双轨制、北京经适房预留给中央部委……保障房成福利房其实一点也不奇怪,政府的人制定保障房的分配规则,掌握着分配保障房的权力,当然优先分配给自己或者亲友以及那些接近权力有关系的人。

政府建保障房是花别人的钱为别人办事,腐败浪费难以避免。

经济适用房本来是要为中低收入家庭建设的,然而尽管经济适用房价格较商品房更低,可真正中低收入家庭也难买得起,如北京城区的经济适用房价格也要上万一平米。由于保障房与商品房之间的巨大价格差,弄虚作假走关系贿赂官员申请保障房的人肯定不少。

得到保障房的是有权有钱有关系者,政府大规模建设保障房其实就是在变相盘剥没钱没势的老百姓。更加可气的是,这种不公正的盘剥打着的旗号竟然是为了弱势群体的利益。

政府大规模推进保障房的建设,必然导致低效浪费,这是政府行事的一般逻辑。政府不像市场中自负盈亏的企业,不会计较成本、效率。上级领导不重视就搞搞豆腐渣工程,上级领导一重视就"不惜一切代价"造"精品工程"。政府很难捞到好处的廉租房往往会出现质量问题,而官员容易捞到好处的经适房却经常豪华赛过商品房。

政府大规模推进保障房的建设,会推高商品房的价格。政府对城市建设用地完全垄断,用来建设保障房的土地越多,建设商品房的土地就越少,商品房的供给就越少,商品房的价格自然就会更高。以北京为例,2013 年北京市的国有建设用地供应计划中,住宅用地共1650 公顷,包括保障性安居工程 800 公顷,商品住宅 850 公顷。而2005 年到 2009 年公开的土地供应量,北京市 70% 以上的土地用于建经济适用住房和享受经济适用住房等政策的住房。所以,不要惊呼,事实就是保障房的存在推高了商品房房价。

政府大规模建设保障房,其实是房地产市场化转向计划经济的一次大倒退。如果保障房制度果真那么好,当初的单位福利分房制度为何会改革被废除? 房地产的问题不是因为过度市场化,恰恰是由于市场化不充分,政府对土地供应的垄断就是明证。

报道中专家为保障房问题开出的药方是,"首先是要建立严格、公开的财政制度,对预算实行严格管控"。可是,这些都是保障房的操作细节问题,就算政府能做到这些,也无济于事。因为上述各项弊端,是保障房本身固有的问题,只有废除保障房制度才能解决。

(by@喻涛 1991)

社保能让我们安心养老吗

　　最近几年的全国两会,社保制度一直是热议的议题。问题的焦点集中在:养老金的微薄、社保基金的亏空,还有例如双轨制、延迟退休、异地社保转移的种种麻烦等。长期以来,主流知识界把1990年代的引入社保制度当作进步——它是中国跨向福利社会的起点。社保制度的积弊常被归结到中国社会经济其他问题,例如腐败,其本身的正当性和可延续性却没有得到很好的反思。

　　社保制度之建立,其初衷是政府帮助民众强制储蓄,使得民众老有所依,低收入者晚年不致陷入贫困。这种制度隐含的前提是民众没有能力安排自己的储蓄,无力照顾自己的晚年,需要把一部分钱强制上缴,由政府统管。且不说这种强制性是否正当,就是在实践过程中,也很容易出现纰漏。

　　在社保的缴纳和支取上,社保养老金的缴纳分为个人和企业部分,个人缴纳工资的8％,企业缴纳个人工资的20％,这部分是企业的劳动力成本。社保必须累计缴满15年,退休后才能领取养老金,事实上多数人的缴纳社保年限远超过15年。从退休到寿命终结,相当一部分人未能领取完这些钱。个人部分按当年缴纳数额发放,企业缴纳部分则按当地平均工资水平发放。在这几十年间,通货膨胀早就稀释了货币,购买力不可同日而语。

　　这就是民众经常抱怨养老金微薄的原因。通货膨胀、低效率的资金运转、屡见报端的贪腐和人口结构变化带来的资金不足,使得政府越来越无力支付庞大的养老金。政府经营的事业相对低效率,这是制度性的原因。人口老龄化的趋势,企业负担加重,市场活力的丧失使得社保成为欧洲福利国家头痛的问题。"延迟退休"成为很多欧洲政客缓解矛盾的招术,近年也被介绍到中国。从长远看,社保基金的缺口只能越来越大,很少有国家能幸免。

随着越来越严峻的社保亏空和"打补丁"式的政策,民众开始感到养老金问题的困境。一些城市出台各种"限购"措施,使养老金逐渐成为束缚民众迁徙的工具之一。经过主流知识界长年对社保的美化,民众对社保制度充满依赖甚至迷信。据中国青年报3月15日发布的调查显示,民众期待两会推动解决养老问题的方式上,有79.1%的人选择"完善社会养老体系",其他的则要求政府做得更多。在同一个调查中,有接近90%的人为父母和自己的养老问题担忧。一个令人难堪而又无法回避的事实是,社保并不是解决养老问题的最终或唯一选择。早日寻求更稳妥的方案,把养老建立在家庭和商业养老上,让市场机制最大程度发挥基础性作用,才是应当寻求的正途。

(by@菁城子)

不必羡慕免费医疗　　197

政府社保是个巨大的骗局

一个在北京工作的人如果税前工资是一万元,到手的工资只有7454.3元,而公司雇佣他得花费14410元。到手工资只有公司总花费的一半多一点,剩下的都缴纳给政府社保了。如果没有政府社保,他拿到手的工资将近是现在的两倍。

社保账户里的钱仅仅名义上是你的,但是你并不具有真正的使用权。说白了,社保就是一种工资税,被政府生生给抢走了。

政府社保采取的是现支现付的模式,就是说收上来的钱立马就花出去了,用现在缴纳的社保金发放给了现在领取养老金的人。政府作为管理社保金的中间人,社保基金就像是一个池子,缴纳的人向池子里投钱,与此同时退休的人从池子里拿钱。

社保基金要维持正常运行,向里面投的钱必须要多于从里面拿出来的钱。但是,随经济的发展老龄化本来就是趋势,加之中国特色的强制计划生育政策,更加加剧了中国的老龄化形势。也就是说,缴纳社保的人会越来越少,而领社保的人越来越多,这样,迟早有一天社保基金要破产。

其实,政府社保与臭名昭著的庞氏骗局本质上并无区别,都是拆了东墙补西墙。更加恶劣的是政府社保是强制性的,而庞氏骗局毕竟不会强迫你参与。庞氏骗局没法持续维持下去,政府社保当然也不例外。

延迟退休的效果是缴纳社保的时间增加而领取社保的时间减少,这也只能让社保这个政府制造的庞氏骗局多维持一段时间。

当然，政府还可以通过增税、借钱或者干脆印钞票等手段来增加社保的收入，同时可以降低领取社保的数额来减少社保的支出。但别忘了，政府是不创造任何财富的，因而政府一切为社保黑洞兜底的行为，绕来绕去终究是需要老百姓来买单的。

　　政府社保更造成了非常不公正的财富再分配效应，导致的是年轻人补贴老年人，穷人补贴富人的荒唐结果。领社保的是老年人，交社保的是年轻人。老年人多少都有些财富积蓄，而交社保的年轻人相比老年人更少积累，所以社保的财富转移效应是有钱的老年人剥削钱少的年轻人。另外，需要注意的是，富人的寿命一般比穷人寿命长，这样富人领取社保的年限比穷人长。

　　对了，政府为我们管理社保基金的人可不是天使，他们的寻租腐败当然是难免的。就算他们都廉洁，雇佣他们的行政开支总是要有的吧。他们管理社保金，属于花别人的钱为别人做事，想想能有啥结果，无非是低效浪费腐败。

　　您还指望政府社保给自己养老吗？

（by@喻涛 1991）

再分配就是分赃的意思

虽说已经改革开放三十多年了,但官方话语体系四处都是计划经济思维残余。"再分配"就是其中之一。你再怎么不关心也会听到这个词。跟所有的官方文章一样,都是狂复杂的遭腐蚀的文字。政策背后的动机倒不复杂,民众有错误的公平观,上面就能为大家做主。简言之,再分配的理论基础是市场制度下存在贫富差距,为社会稳定,必须缩小差距,要再分配。

张维迎曾有一篇文章讲述过语言腐败的问题。语言腐败现象不单是中国有,这是任何一个政府都要重点做的工作。比如美国政府多发钞票,它不会也不敢告诉美国人这是在稀释你们的财富,它叫量化宽松。一般美国人听了也就懵了,好像是一种刺激经济的好政策?刺激经济也是个烂词,因为经济不需要任何政府来刺激。一环扣一环地用生造或改造过的词把正常人的思维搞得混乱无比。这时候要揭露其荒谬本质可能也需要进入对方的话语体系,导致了很多不错的文章人们看不下去。

就像鲁宾逊和他的孤岛是探讨各种社会问题的非常好的例子,被反复拿出来举例。我也喜欢把问题放到一个村子里看,这样会清晰明了。人口规模不管多大,分工多细致,人行动的规律是不会变的。

假设在一个以物易物的理乐村,养奶牛的瓦西里比村里所有人都努力生产好奶,那么瓦西里就可以用自己生产的奶去跟其他村民交换更多的东西(瓦西里是村里的富人),这是他辛勤劳动应得的。

村里有个叫桑德尔的书生敏锐地发现了村民们的贫富差距,向村里的强盗(政府)建言对本村财富再分配。强盗也不敢太放肆,先让桑德尔与村民们人手一册《公正》,点燃贫困阶层们的怒火。再分配得到了多数人支持,强盗名正言顺抢夺瓦西里家的奶,拿出一小部分分给愚蠢的村民,大头的强盗当然是自己留下。桑德尔也分到不少奶,对强盗来说桑德尔非常有用,必须养着。

村民们看到残疾人老张得到了强盗的救济,都很满意,感到很安全,甚至都不怎么想干活了,等着分配。哪怕自己也要向强盗上供,但看到瓦西里等富人上供的更多(所谓向富人征更多的税),心里颇为平衡。原本瓦西里再积累一段时间就可以搞个大规模的奶牛场,不仅让村里的牛奶变得极其便宜,而且解决了其他村民的就业问题。更富有的瓦西里帮忙解决村里的老弱病残是必然的事情,不管是出于善心还是奶牛场的口碑。而如今瓦西里愤怒也没用,消极一点,就不干了。村民们以后都喝不到便宜的奶了。

财富平等的口号是很诱人的。然而,假如不是财富的不平等,经济发展就会停滞不前,现如今穷人能在当下享受到相对富裕的物质生活,也是昔日财富不平等的结果。现在的很多日用品都是早期的奢侈品,比如汽车电脑手机。研发创造是需要钱的。中国的仇富现象由很多因素造成,不能忽视骨子里对财富平等的错误向往。

(by@吴主任)

反资本主义的心态

资本主义确实非常美好,但是它造成了很多问题。例如田园风光变成乡镇城市,炊烟袅袅被工业大烟囱所取代。人际关系也变得冷漠,温情脉脉的大家庭也在逐渐瓦解。当然,还有更糟糕的:现代资本主义是物质的、乏味的、单调的。表面上它取悦消费者,实质上却让消费者变得肤浅和愚蠢。看看那些从来不看书,只知看电视的"沙发土豆"吧,还有满脑子赚钱买貂衣俗不可耐的贵妇们!

诚然,这些批评或许是现实。但是批评人士忘了,他们所厌倦的资本主义,核心精神是"自由"。如果把这些东西全部拿掉,迎来的将是什么?匮乏、饥荒和严密管制。并且从另一个角度看,从乡村过渡到城市,从大家族变成小家庭,人际关系变得更加简单,娱乐方式有更多选择——或许这只是开启了一个全新的美好时代。

国情还是制度

满街的赤脚、饥饿的儿童、漂满垃圾的恒河，这些基本是印度给世人的第一印象。解释印度贫困原因，很多人会归结到种姓制度，殖民历史，种族和宗教冲突，还有人口众多。还有人说，印度人富于宗教冥想，耽于精神世界的满足。这些说法都无法回应这样的事实：莫卧尔帝国曾是世界上最富足的王朝；殖民时期印度的茶叶和麻纺布行销世界，具有很强的竞争力。印度全面衰落是 20 世纪中叶以后的事，而它在最近二十年内发生了引人瞩目的崛起。

经济现象的解释，总要回到制度本身。原因并不复杂，印度贫穷很大程度要归结到计划经济。它的崛起，则是"改革开放"的后果。

说到印度经济，不得不提圣雄甘地。甘地经济思想的核心是反现代文明。他仇视机器生产和城市文明，认为机器生产是印度人民失业和贫困的源头，城市生活诱使人们欲望无尽，破坏了印度人的内心平静。甘地认为，印度应回到手纺车时代，男耕女织，状如田园。他倡导的"抵制英货"和"非暴力不合作"运动此起彼伏，成为印度建国前最盛行的思潮。

甘地的门徒尼赫鲁深受英国社民党影响，经济上则对苏联神往有加。从 20 世纪 50 年代起，印度在保持民主政体的前提下，开始建立国营企业为主体，公私并存的混合经济体制，同时模仿苏联大搞"五年计划"。私营企业虽被允许存在，但是需取得牌照并接受政府指令。贸易上印度实行"进口替代"，多数工业品都无法进口，外商投资受严格限制。几十年时间内，印度建立起门类齐全但是效率低下的工业体系,在国际市场上几乎没有竞争力。从 1950 年代到 80 年代,印度在国际舞台上的亮相,不是贫穷,就是战争。

20 世纪 80 年代市场化浪潮席卷全球的时候,印度政府几乎无动于衷。直到 1991 年,拉辛哈·拉奥政府政府选择了改革,核心是财政部长、经济学家辛格(他是今天的印度总理)。此时中国的改革已进行到第 13 年,并将印度远远甩在身后。印度改革的核心是"自由化、市场化、全球化、私有化",大量牌照被取消,外资参股大幅提高,并扩大外资的投资领域。外贸上则降低关税,取消大量进出口许可证,鼓励企业出口创汇。

受益于改革,从 20 世纪 90 年代起,印度经济增长率连续超过5%,并在新世纪连续多年超过 8% 增长,成为仅次于中国最有活力的经济体。2012 年印度 GDP 超过 1.4 万亿美元,进入世界前十。软件和金融服务业异军突起,成为印度在国际市场上最有竞争力的产业。那些认为印度还处在"原始蒙昧",不适合现代文明的声音消失了。

一个国家的经济发展,制度是决定性因素。无论它的民族和宗教怎样纷繁复杂,自然环境如何恶劣,历史如何悲惨,经济底子如何一穷二白,只要给予民众足够的自由选择,让企业家有发挥空间,繁荣自然会悄悄地生长起来。那些"国情文化"为借口大搞"本国特色"的政府,通常只是对经济进行新形式的干预。

应该说,印度经济改革和中国相比,无论从范围还是深度都有差距。尤其对待外资态度上,印度政府疑虑重重,底层民众则群起抵制。甘地思想在印度知识界仍有很大市场,政客为集团利益大打民粹牌,政府对外国超市进驻设置了重重阻碍,以此保护当地落后的手工和零售业。沃尔玛、家乐福在印度开业的难度可比在中国高多了。印度国企低效和贪腐的程度并不比中国逊色。不过只要印度政府坚持改革,阻碍将逐渐化解,这正是印度经济活力的源头。借鉴印度经济,对于同样处在改革困境的中国,具有重要的意义。

(by@菁城子)

借钱为什么要付利息

借钱到期除了要还本金，通常要付利息，这是人类生活最常见的现象。现代人对此习以为常，不过历史上某些文化却将利息视为罪恶。《古兰经》禁止利息，很长时间内伊斯兰法律严禁放贷取利（现在伊朗一些银行还是"无息银行"）。基督教文化没有禁止利息，却仇视高利贷。莎士比亚笔下的高利贷者夏洛克，是一副贪婪、吝啬、残忍的形象。有禁令说明现象存在，严厉的宗教训导终究无法改变人的行为规律。对高利贷的禁止使得商人发展出了一套商业规则，例如发放本金的时候预先扣除一部分钱，还债时原数奉还，类似金融贴水。现代人熟悉的商业规则在古代却要冒着风险，原因是人们对利息存在普遍的误解。

最常见的错误是，利息源自钱的自动增值。钱像有魔力一样，会自动生钱，就像母鸡生小鸡一样。放贷者手握金钱，财富源源不断地增加，实属大大的不劳而获，理当剥夺。在一般宗教观念中，财富只能通过劳动获得，借钱的通常又是穷人，如果再收利息，无异于剥削。

马克思因此认为，利息是"货币价值"和"使用价值"的剩余部分，如同工人创造劳动价值和获取收入之间的价差，是剥削的一种。在历次革命中，放贷谋生的资本家总要被打倒清算，罪名是"寄生虫"。

进入近代社会，财产权利得到普遍保护，利息逐渐得到法律上的承认。真正从学术上为利息疾声辩护的，是奥地利学派的经济学家。他们在前辈认识的基础上提出，利息来自人的行为规律，是正当并且有益的。这种行为规律是：由于时间流逝每个人都不喜欢等待，都希望当下获取。如果要他放弃当下享受，就要付出补偿，这种"补偿"就是利息。这种人的行为特性，他们称为"时间偏好"。

由于人具有时间偏好，当下越迫切，利息就越高。每个人的品行意志都不一样，社会环境有和平动荡，这些都会影响时间偏好。那些着重于眼前利益，热衷及时行乐的人，他的时间偏好非常高，你要向他借钱，恐怕要付出更高利息。社会动荡不安，财富朝不保夕的环境下，人们的时间偏好普遍提高，整个社会的利息水平都在提高。在安定和平的时代，人们不担心财富缩水，人们更愿意考虑长远利益，他们的时间偏好很低，利息通常也很低。

理解利息本质，也就能够正确理解储蓄和利率的作用。储蓄就是个人放弃财富的完全消耗，将一部分财富留存到未来，希望能起到更大作用。人类财富增殖，正是有赖于无数人放弃眼前享受，将目光放得更长远。有些人的眼前利益却更加急迫，例如等米下炊，拖欠工资，他们需要向别人获取储蓄财富度过一时艰难。他们对当下和未来急切的程度，就靠利率调节。利率高表达未来不确定性增加，应谨慎设资，以免财富落空；利率低的社会，人们可以安心将钱存起来，借出去，以换取美好未来。个体之间的时间偏好，通过交易传导，就会形成社会上常见的"一般利率水平"。

禁止利息和人为压低利率，是在破坏人们的储蓄激励。既然借贷不能获利，不如干脆自己消费，那些急于改善现状的人们就很难获得帮助。国家把利率压得很低，相当于剥夺储蓄者的获利，鼓励投资者不计成本地生产。这是在破坏市场调节。黑市上的私人放贷者则起到了补充作用，他们既给渴求资金的人以服务，又在以利率信号告诉人们真相。在社会生活中，由于每个人遭遇和情境不同，对资金渴求程度不同，必然形成错落多样的利率需求。企业和银行最好能自由协商，根据需求和风险控制确定利率，才能让投资和消费得到高效安排。

（by@菁城子）

经济周期漫谈

和平时期经济为什么会呈现周期性的兴起衰落？

关于这个问题的回答，成了经济学流派分野的主要标志。有人把它归咎于过分自由的市场，也有人认为是政府干预的结果。还有学者提出，很多产业（例如房地产）发展会带动其他产业，当它衰落，整个经济就会衰落。

事实上一个产业衰落通常意味另一个产业兴起。数码相机兴起，胶片机衰落；电灯发明，蜡烛商破产。这些波动意味着更好的调整，它的影响也非常有限。并且周期性从哪里来呢？

对经济周期最令人信服的解释来自奥地利经济学派。这个学派长期处于边缘，直到 1974 年哈耶克获得诺贝尔经济学奖，人们才重拾对它的重视。

奥地利学派认为，经济周期是通货膨胀的结果。自政府垄断货币，它总是倾向印钞达到目的。为解决失业，刺激经济增长，扩充军备，政府总会滥发钞票。生产出来的"货币"流入市场，造成物价上涨的效果并不是均匀的。先接触到钱的行业（银行、国企和政府项目）会发现，钱来得非常容易。他们出手阔绰，钱花在哪里，哪里价格就上涨。货币像涟漪一样慢慢扩散开去。项目到处开工，上游行业热火朝天，经济欣欣向荣。价格在慢慢传导，等到工薪阶层和民众拿到"多出的钱"，物价上涨将近完成了。物价上涨先于他们收入增长，甚至他们的收入根本没有增长。

面对民怨沸腾，政府一旦收紧信贷，原来错误投资就会暴露出来。房地产繁荣，并非有真实住房需求，而是大规模资金进入带来

"虚假繁荣"。所有行业欣欣向荣,并非生产大发展,而是企业家被误导,以为赚钱变得容易。通货膨胀扰乱了市场价格。

只有货币才可能对经济体产生全面深刻的影响,让企业家陷入普遍错误。正确的做法是,收紧货币口子,让市场清理错误,并吸取教训。糟糕的做法是,政府继续扩大开支,干预市场。历史学家发现,1929年美国经济危机演变成旷日持久的萧条,原因是政府提高关税,固定工资,保护劳工和大量农产品补贴。这些政策阻碍了市场的修复。

通货膨胀除了导致财富转移、资源错配的后果,还将不可避免地引起权力扩张。政府滥发货币,总先投放到离权力最近的领域——银行、国企、公共基础建设、产业补贴。2008年以后人们经常谈到"国进民退",近因就是经济刺激。原本行将就木的国企通过政府扶持,起死回生,并且涉足其他行业。

只要政府支配货币发行,经济周期就很难避免。无论欧美还是中国,凯恩斯经济学成为盛行的思潮,这为政府大事印钞提供了理论基础。有时是压低利率,有时是降低银行准备金率,目的都是制造"流动性"。他们持续不断地扩张,在遭到市场惩罚后就暂时收手,如此交替,就形成了周期性地经济起伏。

当然,不是每个周期都如此明显。比如1990年代中国曾经历严重的通货膨胀,物价普遍上涨,但是此后大萧条并没有出现。因为其他制度不断松绑,经济潜能得到挖掘。人们在经历物价上涨同时,有机会寻求其他机会提高收入,通胀的危害被稀释了。但是如果以为政府发钞是良药,长期服用,再好的制度也经不起折腾。

1978年,哈耶克曾给《华尔街日报》写信道:"你们能否在每期报纸的头版用大写字母印上这么一个简单的事实:通货膨胀是由政府及其工作人员造成的,除此之外的任何人都不可能造成通货膨胀。"换句话说,经济周期也是由政府造成的,除此之外,没有人能做得到。

(by@菁城子)

历史进步主义的歧途

很多人在批评时局的时候，经常将晚清民国自由的风气拿出来，和当下对比。即使现在财富远远富足，他们依旧认为，某些自由的进退是可以辨析的。这是恰当的方法。不过，当批评对象指向是美国，他们又经常犯"历史进步主义"的错误，即认为美国历史的发展是螺旋式的进步，当下制度是对前代的超越。例如，资本不再自由放任，普选扩大，对妇女儿童保护，动物保护，禁枪，环保主义，福利主义。提及这些事情，很多知识分子认为这体现了美国社会的进步。林达几乎是以悠扬的笔调在描述美国历史的"进步倾向"。即使很多自由明显被侵蚀，他们也会认为这是"历史进步的必然"。

前几天我在网上看到徐贲写了一篇文章《民主社会中的良心》，谈到一个案例。新墨西哥州某市有一家由夫妻俩经营的照相馆，叫爱琳照相馆。2006年的一天，有一名叫威罗克的客人要求店主到同性恋的婚礼上去照相，女店主爱琳婉言拒绝。她说："我们不提供同性恋婚礼的照相服务，但还是谢谢你光顾。"来客于是向州人权委员会投诉，指控爱琳照相馆违反了平等法规，涉嫌歧视同性恋者。在听证会上，男主人辩解称，为同性恋者拍摄婚礼照会违反他们的宗教信仰，他们的宗教信仰受法律保护。州人权委员会和上诉法庭都没有站在爱琳照相馆这边，他们判决爱琳照相馆败诉并支付诉讼费。

如果对美国立国精神有最起码了解，很能清楚断定，这是财产权利受到侵犯的典型案例。据说这个案件在美国法学界和伦理学界引起很大争议，我只能说可见美国知识界自由精神的堕落。

私人照相馆决定交易对象，这是财产权利的自然贯彻。无论出于宗教信仰的原因，还是个人情绪厌恶，她以何种理由拒绝交易，都是对自己财产的处分，并且承受生意落空和名誉可能损失的代价。对方可能会感到不痛快，但是绝不能说他的权利受到了侵犯。如果仅仅是个人感受的被侮辱感受，就能要求国家强制交易，那店主的权利还有何保障？

美国历史的进程很多此类的法案，这是对美国立国精神的损害——正是立国者强调对财产权利的绝对保护，才使美国奠定繁荣之基。现在很多人声称，如果按你所说，为什么美国不是停滞不前，而是继续保持繁荣呢？我的回答是，美国人还保有很多宝贵的自由。如果财产权利被大量侵犯，美国的竞争力会不断下降，事实上已经在出现。

美国的进步主义者可能看不到这一点，而很多中国学者脑中的美国历史，却是不断进步的趋势。面对这类明显倒退，他们也能用各种花哨说法遮掩过去。例如徐贲在文章中就把这冲种突模糊成"良心对立"，即爱琳夫妇的"宗教良心"和"社会共善"的冲突。徐贲引用托马斯·阿奎那的观点说，所谓的"社会共善"指的是"正义（公正）、德性、和平、平静、友谊、交流、共享"这一类的集合，它是维持社会秩序的基础。爱琳夫妇的"宗教自由"正是和"不歧视同性恋"的社会良心相冲突，所以应该让步。

这真是胡说八道。从来都是个人才拥有"良心"，所谓"社会良心"只不过是某些人想要表达自己意愿，以多数人名义捏造的假托。它是某些理念的塑造。事实上，社会秩序维持的基础是合作，而合作的前提是对个人权的尊重。不尊重产权的社会将使人际互相仇视对立，制造冲突，最极端的情形是社会解体。"社会良心论"者总有一堆含混不清，可以随时套用的概念来干预产权，侵犯他人。举例说，爱琳照相馆如果抬高照相收费，是不是意味着违反了"友谊、交流、共享"的"社会良心"呢？

我举这个案例的目的是,很多学者面对发达国家的历史进程,总是陷入莫名的崇拜而失去分析能力。历史不是自动进步,也不是自动衰落——历史是由人推动的。人行为的动力是观念,观念有对有错。在历史进程中,自由和反自由的观念总是参差间杂,只看它在政策推动中起到多大作用。例如近代自由主义思想的兴起,成了资本主义大发展的动力;从一战到二战的惨祸,国家主义和社会主义则是最大的祸首。历史兴衰起伏,没有什么必然性。我们这个时代所享受的文明,是因为二战后自由观念重新占据主流的结果。一旦自由的传统丢失,回复到国家的壁垒森严时代并非想象。

　　我经常和福利主义者讨论,他们总是用轻蔑的口气说,福利主义是资本主义发展的必然阶段,是历史进步的趋势。只要他们说这话,我就知道他们忘记了平日里熟读的"权力导致腐败"的格言。在一个社会中,国家的权力越大,大到帮你养育小孩和养老,大到它包办医疗和住房,那一定是非常危险的。他们还冀希望用民主去监督庞大的权力,其最完善的后果是精密的控制。在国家福利主义之外,有一条通往自由与繁荣之路,那就是最小的政府和自由的市场。可惜,他们忘记了经济学原理和政治学常识,用"历史进步主义"麻醉自己,将国外经验不加思索地搬过来。对于旁人的说服和经验警示,他们通常不加理会。19世纪后期到整个20世纪,有一种声称要由政府控制指导生产和分配的政治哲学曾经甚嚣尘上,自诩为"进步主义",它就是社会主义。社会主义没落之后,另一种更有诱惑力的政治哲学——福利主义兴起,它主张政府包养民众的医疗教育住房养老。现在很多学者就是在"进步主义"旗帜的感召下,积极地为新型全能政府添砖加瓦。

（by@菁城子）

梁山模式死循环

《水浒传》是一部流传很广的小说。古代官方斥其"海盗",民间却喜欢它的反官府故事。对这部小说的解读,很能解释为何古代社会长期停留在治乱循环的怪圈中。

都说好汉落草迫不得已,历数梁山诸将,真正"逼上梁山"的大概只有林冲一人。晁盖本是乡间财主,仗义疏财,不娶妻室;乡里学究吴用,竟"使两条铜链"。阮氏兄弟平日打鱼,唱的是"爷爷生在石碣村,禀性生来要杀人"。他们劫取生辰纲后,自然而然想到了落草为寇。至于宋江、武松、鲁智深、杨志这些人,他们本来在体制内有很好的前途,因个性耿直惹出事端,或出于无奈(他们本身就对梁山有好感),主动上山。还有一群体制内人士,他们本来是看不上梁山的(有些还是被派来剿匪的官军),无奈被俘,听信"招安"引诱,接受现实。其他人基本都是偷鸡摸狗、杀人放火的强盗。

这么一大群不事生产的豪杰,如何维持梁山运转呢?梁山钱财最开始有几个来源:王伦留下的产业,晁盖的十万生辰纲,各路好汉陆续上山携带的财宝。军马一天强似一天,靠这些家底肯定要坐吃山空,现金流只能靠抢。梁山名声太大,周边过路的客人太少,只好向州府郡县抢掠。先是抢梁山对头,例如大闹清风寨之后,第一件事就是把家私金银财货装上车,牛羊尽数牵走;攻打江州杀死黄文炳,不忘把箱笼家财一股搬尽。祝家庄和梁山几乎没有仇怨,宋江说:"山寨人马数多,钱粮缺少……若打得此庄,倒有三五年粮食",借口都不需要了。类似的还有曾头市、大名府、东平府。梁山已经成了寄生在附近州府郡县上的毒瘤,危害一天比一天大。既然战争是为了维持生存,所谓"劫富济贫"也只能是口号了。

梁山好汉们大多具有超乎常人的能力,有些不乏人格魅力和做事才干。最想做强盗的是李逵这样的莽汉子,最想当官的是宋江这样的读书人,他们心思不同,本质上却没有任何区别。强盗和官府,都是不事生产的寄生阶层。从财富来源看,梁山和外面那个大宋朝廷都是来自抢掠。梁山地盘有限,好汉们只能一刀一枪在战场上拼;宋朝管辖范围广,又有官僚和税吏系统,收入稳定。宋江一门心思搞招安,可能有"报效朝廷"的鬼迷心窍,大抵也是对同伙的负责任。与其打打杀杀创业,还不如被朝廷收购。欲当官,杀人放火受招安。

那些在生产财富的人们呢?他们是武大郎、郓哥、唐牛儿这样的小商小贩,还有好汉们闹市杀人前排砍杀的看客。他们在小说里是默默无闻的,充当这些英雄豪杰的垫脚石。他们并没有觉得有什么不妥当:在整个世界观念里,恃强凌弱是通行的法则。即便最打抱不平的鲁智深,三拳打死后匆忙逃亡,照样上了桃花山当强盗。最平凡卑贱的受害者,他们也是强权观念的奴隶:当他们不满于朝廷压迫,将希望诉诸好汉造反;只要刀斧还没杀到自己头上,他们就热衷于欣赏好汉的暴力。写作者和几百年的读者都津津乐道,没觉得有什么不对。

在这样的观念下,社会上最聪明强健的人们,反而在从事破坏性的工作。他们造反,剿匪,三两刀就把积蓄几十年最宝贵的财富(人)给毁灭了。他们互相毁坏城池,烧掉财物,几代人积累付之一炬。对生命和财产的极端蔑视,使得整个社会处在剧烈的兴衰循环中。一直到近代,随着人权和财产权观念兴起,那些披着"替天行道"外衣的抢劫不再那么畅行无阻,被长期神化的权力也开始受到约束,生产经营得到尊重,才智之士在和平的领域聚集。在这样的观念背景下,繁荣才成为可能,民众的尊严才能有一些保障。

(by@菁城子)

谁有资格嘲笑发改委

发改委又一次成了笑柄。因为前两天他们的专家声称,公款消费,尤其是高端消费受到中央政策的抑制,导致"内需不足",引发了经济增速的担忧。媒体以讽刺的口吻说,原来公款消费也是在为经济发展做贡献啊。

可是换一种情形,这些消费不是官员在做,而是民众从事,在媒体那里却变成另外一回事。消费经常被认为是"刺激内需",为经济发展做贡献。经济学家经常这么说,政府就这么干。比如政府经常搞"货币宽松"政策,往市场上注入大量资金,压低利率,鼓励人们大手大脚地花钱;又比如政府经常搞"假日经济",鼓励民众花钱旅游消费,称赞假日消费拉动经济增长。

如果按照"消费拉动经济增长"的逻辑,发改委的说法是没有问题的。充其量只是官员太过分,本来这些"消费拉动经济"应该是民众来做,官员却攫取享受,不公平。但是明眼人都看得出来,公款消费最糟糕之处不在于不公平,而在于浪费,很多民众的财富被充作公帑,被白白地吃喝倒掉,令人惋惜。

将消费当成经济发展的动力,是现代主流经济学最重要的谬误。要理解这一点,就需要了解凯恩斯对萨伊定律的攻击。

萨伊说,生产创造需求。他的意思是,商品生产出来之后,使生产者具有了购买其他商品的需求。在生活中,人们总会有无穷无尽的欲望,但不是所有的欲望都称得上"需求"。个人必得提高自己的支付水平,使自己所属拥有和他人交换的价值。这就鼓励个人提高生产能力,使得能满足更多需求。提高生产能力的方法唯有节制当下欲望,储蓄财富,将资本用于迂回生产,以提高未来的生产能力。例如农民不将粮食挥霍一空,而是储存粮食播种,或者把它交易成货币,购买生产工具,这是有利于他长期财富的增加。如果农民短时期内将粮食酿酒,挥霍一空,长期看他的财富是要萎缩,需求也会减少。因此,节俭储蓄在传统道德里被看作是美德,而挥霍无度则是短视之计。在现代社会,节俭和挥霍应当被看作是个人自由,但是它们在经济发展中所起的作用则应当被辨析。

凯恩斯攻击萨伊定律,但他口中的萨伊定律(生产创造需求)却变成,商品生产出来后,别人就对它有需求。这当然是现实生活中随处可以证伪的谬误说法。凯恩斯认为萨伊错了,他要批驳萨伊,就搞出一套"生产常有,需求却需要刺激"的理论。大概意思是,社会需求经常不足,过分节俭会导致很多产品消费不出去,生产会沮滞。只有刺激需求,开动消费机器,经济才会像上了马达一样,一环扣一环地拉动起来——至于最初消费的理由是什么,似乎也不重要了。

萨伊和凯恩斯对解释经济发展的分歧形成了两个学派,前者是供给学派,其基本主张是自由市场,后者是凯恩斯学派,多主张政府干预。在应对经济危机的问题上,两个学派也开出了不同药方。

供给学派主张增加资本积累,提倡勤劳节俭的美德。当经济危机来临时,一定是生产遭到破坏,企业投资发生了普遍性的错误。他们主张政府减少干预,控制货币发行,放开人为压低的利率,让企业自行修复,同时减少税收和福利,以提高企业和个人的生产积极性,通过财富供给来抵御物价上涨。

凯恩斯学派主张,经济发展的动力是消费,过分节俭将使企业生产动力不足。在经济危机的情况下,政府甚至应当代替民众花钱,例如建设铁路公路,搞大规模基础建设。在经济平稳的时候,政府要经常性地压低利率,鼓励民众多花钱。政府会举办体育盛会和节假日消费,以"拉动"经济发展。甚至一个地方发生严重的自然灾害,造成财富大量损失，凯恩斯学者也会宣扬"坏事变好事"，损失能刺激需求，促进经济增长。

从经济学教材和媒体舆论看，凯恩斯学派完全打败了萨伊学派。他们的主张在政府政策和流行舆论中发挥着巨大的影响。对于"刺激消费拉动经济增长"这样的词组，人们几乎耳熟能详。平心想一想，花钱挥霍在任何一个家庭都是不可持久的败家行为，为什么在一个国家，却能成为经济发展的动力呢？节俭明明是美德，怎么会不利于长远发展呢？在面对经济学问题的时候，媒体忘记了常识，套用流行的经济学话语煞有介事地讨论。反而脱离经济学语境时，他们的思考恢复了正常，得以嘲笑一些显而易见的错误——事实上，他们平时犯的错误并不更深刻。

最后批评荒谬的"消费刺激经济增长"理论：人的欲望总是无穷无尽，需求将随着生产能力的提高，逐步地发展出来，无需"刺激"。三十年前的中国，很多人都知道有汽车这种奢侈品，却无"需求"——因为太穷，生产能力太低，只能先解决温饱需求。随着财富增加，人们的需求逐渐地提高和多样化。人类的欲望从未饱和，担心"需求不足"完全是杞人忧天；生产也从未过剩，更多的是政府错误信号和调控导致下的生产错误。经济发展的不竭动力是资本积累和对个人创造性的发挥，只要充分尊重产权和企业家精神，经济根本不需要政府各种手忙脚乱的干预，自然会静悄悄地发展起来。

（by@菁城子）

我们要和土豪做朋友

最近"土豪"一词的含义发生了奇怪的变化。传统意义上它总和"恶霸""劣绅"之类联系,现在烟消云散了。网友们用这词亲切地形容有钱人,尤其那种文化不多消费却不菲的新富阶层。当他们大摆酒席,购物扫街,这种艳羡调侃达到了顶点。"土豪我们做朋友吧",几分揶揄,几分羡慕。

在"土豪"之前,有个词已经流行了很多年,那就是山西煤老板。在一般人印象里,煤老板都是挥金如土、品位低下的大老粗。事实上最早的山西煤老板并不是本地人,而是来自资本发达,市场活跃的浙江,其中尤以温州商人最著名。这些在改革之初富起来的第一代"土豪",并没有将他们的财富挥霍一空,而是投入到新一轮创业。20世纪90年代起,大批温州人携带他们从宗族和亲戚朋友中集资的资本,投入到山西煤矿开采事业。他们从当地购买产能低下、设备落后的小土矿,或是直接从濒临破产的国有老矿购买,再配备先进的采矿设备。外地商人的进入,刺激了本地企业家参与进来,他们的很多人也成了"煤老板"。

随着中国经济发展对能源需求的强烈,这些最初的冒险家们获得了丰厚的回报。但是他们的声名并不太好,究其原因有几个:首先,煤老板出手阔绰,行事高调,惹人反感。其实这种指责是没有道理的,因为富人"炫富"只是行使财产权,而每个人对"豪奢"看法不尽相同。从一些资料看,很多所谓"高调"只是策略。煤老板经常和政府打交道,制造话题显示实力就显得很有必要。其次,煤老板靠攫取

"国有资源"致富。煤矿深埋在地下,如果不是煤老板开采,就是由国企开采,对民众并没有更多好处。采煤业需要资本、技术投入,也要付出辛勤管理,煤老板们并非巧取豪夺。再次,矿难事故造成的冲击,一方面有技术和管理的疏漏(这一点国企同样存在),可能还和政策的不确定有关。舆论和政策的敌视却使矿主很难安心经营下去。经过重重审批和频繁整顿,矿主最主要的念头是:尽快收回成本,赚到钱就走。煤矿安全需要长期投入,这样的环境显然是不利于健康市场的发育。

煤老板们以其嗅觉和才能获得巨额财富,却输掉了舆论。凡有"煤老板"新闻,人们不自觉地将他们和"黑心"相提并论,很多人甚至呼吁政府取缔私营煤矿。在这样的舆论背景下,2009年山西煤矿开始了兼并重组,大量私营煤矿被挤出市场,煤业开启了"国进民退"的步伐。很多新晋者刚一投资就被强行兼并,损失惨重;被挤出的煤炭富豪,只好闯进农业、旅游、文化、金融等领域。这些煤老板大都文化水平不高,资金充沛,并且习惯了煤炭行业的粗放型管理,进入新兴领域不免遭受"土豪"之讥。其实他们本可以在熟悉的领域有更好发展,可惜被迫向国企拱手相让了。自今天看来,2009年以后煤炭行业的"国进民退",无疑是和改革开放的潮流相悖的。

中国的私营企业从无到有,从简单粗放到自主创新,从土豪到富二代,经历了一代人的时间。在很多领域,创业者通常没什么文化,但是这不妨碍他们发挥才能。改革开放之初先有种粮大户、养殖专家,继而有农民和乡镇企业家,他们都是那个时代的土豪。人们艳羡之余,人们却能看到他们的贡献,尊重其财富。在煤炭领域,企业家就没那么幸运。因其财大气粗(本来这是行业特征),人们不愿用正确的方法评价煤老板的贡献,更愿意把他们的致富归结到"剥削劳工""巧取豪夺""疯狂采掠"。这些看起来煊赫一时的煤老板,在权力面前却是事实上的弱者。政府一纸"兼并令",他们连讨价还价的余地都没有。

　　用今天的话来说,所谓土豪,大都是崛起于我们身边的平民英雄。他们虽然有钱,但是在权力面前依然显得十分弱小。正确地评价土豪的贡献,和他们做朋友,远比打倒他们有益得多。

(by@菁城子)

反资本主义的心态

在封建社会,阶级间等级森严,一个人的出身基本决定了他的一生。强权下人们只好认了,谁叫我不是太子呢。而在资本主义环境下,十年后同桌已是大款,风光无限。不可否认有偶然因素,但不容忽视的事实是,大家曾是一个山沟出来的。遗憾的是,人不轻易在自己身上找原因。

成功者总是少数,但人却总高估自己的才能。失败者容易自卑,但人性的自我安慰能力强大,不仅为自己开脱找原因,还要为成功者把脉。这时候无所不能的道德上场了,心中有个声音总在呼喊:这个万恶的社会制度不奖励最正直的人,而是把光荣给了那些投机取巧、剥削劳工的资本家。他之所以失败是因为他的诚实,不屑卑鄙手段。

失败者们需要一个"完美的世界"。大部分老百姓心中有恨,但对象都是模糊的抽象的东西,是一些他们可能都不大想去搞清楚的名词概念,比如"管理""资本""血汗工厂"什么的。他们的认知水准已经注定了是一群等着被煽动的乌合之众。

过去,美国知识分子对资本主义的仇恨会比欧洲等国家更普遍更厉害。在欧洲,上流社会流行沙龙,这里面有商业巨子也有纯文学作家以及潦倒的作曲家。而且沙龙霸不是富翁,反而是作家诗人知识分子在主导,富人们摸着美腿手持香槟假装听得懂普鲁斯特在说什么。总之气氛文艺而友好。

大家知道美国人没什么文化,但也需要圈子。美国的社交界是富翁主导,作家起码得类似斯蒂芬·金这样的畅销书作家才可能参加。大家聚在一起只是打牌蛋逼娱乐八卦。因此美国社交界与知识分子之间就有了一道鸿沟。社交界蔑视知识界,知识分子因为钱少而鄙视有钱人是满身铜臭味的粗俗市侩!

这就很难避免知识分子们动用自己那颗灵活不足自负有余的脑袋思索:这个社会怎么了?居然不按照"智力"工作的"真实价格"给予报酬,而偏要优待那些简单的贱工。这就好像一个苦读数十年的博士生毕业后发现自己的收入还不如小学没毕业的女模特一个零头。这时候心理出现不平衡是人性,不怪博士。更何况我们的博士深受马克思固有价值论影响。至于体制内的那些负责解释的专家学者,严格说真实的身份算强盗军师。被人包养吃人嘴短,不必奢望他们能说出什么人话。

而事实上,正是资本主义私有制的确立让资本积累成为可能,私有制保障了资本积累的安全性,让大规模的高效率的生产成为可能。物质极大丰富,满足人们的各种消费欲望,社会繁荣发展。

个人能力与境遇的千差万别,贫富差距是必然发生的。但失败的人们总是要给自己一个说法。资本主义制度成了替罪羊。只不过,失败者们不知道的是,就他们的能力而言,他们的所得已经是一个公平制度能给予的最好报酬。

(by@吴主任)

让智力活动

收到某人留言,还是语音留言,说计划生育是基本国策,为何把它说得那么邪乎。本想回复,但估计是他说完就怒而取消关注了。也就无法对话了。

这是拒绝思考的症状,也算是这个国家洗脑灌输的成果展示。我想他在看那篇反对计生文章的时候思维都是关闭的(如果他真的有看的话)。这种人平时也会读书看报吧,上上网接收资讯看看八卦什么的,这些基本不大需要智力的活动。稍微需要思考的文字,对他们而言每个字都只是符号。但我猜这些人在看《新闻联播》或者《环球时报》的时候经常性地被击中。原来的配方,熟悉的味道。

人跟动物的区别有不少标志,只有人才会做出有意识的交易行为。雄猩猩也会用香蕉去交换母猩猩的一次交配,但这并非有意识的交易行为。猩猩就不会用香蕉去跟拥有苹果的猩猩交换苹果。它只会抢。所以"有意识"非常重要,如果人类丧失了意识能力,跟动物的区别也就不大了。

认同谬论的人当然并非丧失思考能力,而是拒绝动脑思索某些问题了。哪怕有些观点已经刺激到他,以至于愤怒不已。但结果看起来也如同丧失了思考能力。有一种说法是,自由主义者是被选出来的。想必,容易被驯化的人应该也是被选出来的。同样的环境,接受同样的教育,有的人整个脑子被灌满某种观念之后就停止更新了。智力上的差异必然是存在的,只是人们很少愿意承认。但是拒绝思考是不是天生的,这一点有待商榷。

波普尔说过,真正的无知不是知识的缺乏,而是拒绝获取知识。我认为这句话要改一改,准确地说拒绝思考才是真正的无知。获取知识不难,看到什么就是什么,无智力活动痕迹的获取,再渊博也就是个知识桶。更不必说,这种渊博在这个随搜随有的海量数据时代也不值一提。

客观地说,如今很多问题人们拒绝思考跟分工不断细化也有关系。每个人时间精力有限,都有自己关心的事情。任何人都不得不接受自己在许多领域一无所知的事实。然而不管是从事何种工作,对什么领域的知识感兴趣,与拥有一个开放的心智都是不矛盾的。不让心智关闭是一种习惯。更何况,计划生育这样的问题跟每个人都息息相关。

积极心理学认为,人们辩论思考带来的快乐要比机械性的满足要更强烈更持久。文艺上的说法,作品好坏,胜在余味。联想到文艺赏析不算牵强。余味意味着不被塞满,有空间让人回味。这当然就需要心智活动了。所以,遇到那些与自己看法有冲突的观点,不妨在本能的反感之后(如果有的话),让智力活动。

(by@吴主任)

成绩是最好的说服力

今天有网友问我，父母期望自己进国企应该如何说服他们这样的想法是不对的（大意）。相信刚毕业的很多大学生都会有这样的困扰。想想，我父母渴望我考上公务员的急切眼神历历在目。是，我也曾被父母如此这般要求过，絮絮叨叨，非常不忍心告诉他们不要这样逼我。我总是敷衍了事。正常的父母也就是表示无奈，认为孩子还不懂事，并不会太过分因此决裂。

每个家庭的实际情况不同，父母性格也各异，我只能说，我倾向于认为，父母的出发点都是好的。从他们的角度看，这是一种大爱。希望子女能有个体制内的铁饭碗。因此，也没什么不对。

我没在国企工作过一天。但我身边有一些人在国企工作，也有同学是公务员。老实说，看得见的，生活水平都是不错的。老朋友见面也是风风光光的，我怎么能说，他们过得不幸福呢。只是，我自己不愿意做这样的工作罢了。

人生说短特别短，时不时都会感叹时间过得真快。说长也非常之长，遥遥无期。随时就迷茫。自己想成为什么样的人，想从事一份什么样的工作，必定一项长期甚至伴随终生的思考。少有清晰而坚定的答案。而这个过程总不能什么都不干，就光坐着想。因此，我觉得，不管你自己有什么想法，都与找份工作做着不矛盾。如果有一份不错的国企工作向你招手，倒也不一定就拒绝。至少，比靠父母养着要体面。因为我想，如果你天生是个适应不了那种环境的人，随时都是可以退出的。而且那种厌恶（假如有的话）可能会更深刻。

如果你的不进体制混饭吃的想法异常坚定，那么说服父母这件事真的不难。跟所有事情差不多，拿出你的工作成绩就是最好的说服力。就算依然得不到认可，也不是什么大事，因为这样的父母也就不值得你努力得到认可，因为他们想要的"你应该如何生活"只有他们才办得到。由他们去吧。

成功学是个什么东西

最近在纠结一些成功学演讲,例如陈安之的苏州演讲到底要不要去听,觉得费用有点高,花那么多钱去听,不知道有没有效果。吴主任给点啥建议吧。

by 一个想成功的小女孩

一个想成功的女孩:

成功学的东西在我看来唯一值得肯定的也就是打鸡血的作用。人的情绪会受各方因素的影响,在坚持做某件事的过程中难免沮丧茫然,实在撑不住的时候,成功学类书籍初期还是能起到特效药的作用。只是,随便翻翻几本经典的成功励志书籍即可。而且从个人的经验以及观察到的现象看,这种作用随着年龄阅历的增长,效果也差了不少。

成功学花样百出,抓住的无非就是人们对功成名就的渴望。它通常都极其狭隘地将成功钉死在名利权这些东西上。这是我认为很糟糕的部分。有人喜欢当个家庭主妇照顾好家人,有人喜欢四处旅游,有人痴迷于书影音……等等很多人这辈子都跟名利权沾不上边,但他们的人生也是很成功的。

成功学还有一个极大的迷惑性在于,它让很多人沉浸在如何成功里。也就是说,成功学让不少学员得到了"如何成功的秘诀",方法变成了目的本身了。如果说成功就是前方的某个站点,成功学却只让人们自以为掌握了达到那个点的秘籍并为此热血沸腾,却从未朝目标迈出一步。至于所有那些传授成功学的妖怪,他们原本就是一帮精通房中术的太监。他们可能很懂,但他们真的不行。

然而却有那么多人花大钱陷入其中,人自然有一种寻求生活更好的冲动,既然有如此神奇的成功机会,也不妨去听听看。进入之后,这种"自以为掌握了秘籍"的打鸡血状态让他们真的很满足。而且这种授课通常都是大型集体活动。置身其中,人的确也容易变得狂热,丧失理性判断。仿佛神功附体,面对"成功"两个字,他们自信满满,哈哈一笑,这不就是下一秒的事情吗?一离开这种状态人就慌了,状态立马变了,思来想去,必须再来一个疗程,药不能停。这可能就是传说中的"成功学上瘾"。

其实不管一个人如何定义自己的成功,但决定成功与否的最大因素是运气。这是无法否认的,这也是任何人都无能为力的。因此,剩下能做的就是努力奋斗,而这一点是每个人从小都能从父母老师那得到的朴实道理。有些看起来类似成功学的东西,比如哈佛的幸福公开课,我个人觉得还是不错的。毕竟成功了还不幸福,那算什么呢?

说到努力奋斗,人都害怕被否定,不仅害怕别人知道自己的真实实力,自己更是不敢面对。那种路灯下苦读成绩依然不怎样的人经常会被无情地嘲笑。因此,校园里经常有很多"天才少年"。他们似乎从不读书,但成绩却很棒。后来知道,很多"天才少年"看起来那么随意,是因为背后相当努力。如果背后偷偷努力倒也还好,不少人是懒惰加懦弱,连认真对待学习工作的勇气都没有。唯一给他们挽尊的是旁观者的惋惜:他这个人就是不用功,否则早就如何如何。这种"认真你就输了"的丢人把戏,自欺欺人而已。

当然,一个人选择如何生活是他的自由。这个有必要强调一下。

一般的问答类文章,作者都不会给出清晰明确的结论。的确,怎么选择都是自己的事。但这个问题以及我本人比较不一样,虽然这不意味着你应该听我的。既然就此具体事件问我,我个人的看法就是:为陈安之这种货色花哪怕一分钱都是不值得的。

by@吴主任

谁会真正关心慈善

《谁会真正关心慈善》是本研究美国人慈善行为的书,书中采用了大量的实证调查数据。作者亚瑟·布鲁克斯分析得出的结论,颠覆了一个传统的定论,那就是自由主义者比保守主义者更富有爱心。

美国人的政治谱系中,大致可以分为自由主义者和保守主义者。前者主张政府要多管制市场,采取更多的收入再分配政策,而后者则支持自由市场,不认同政府的收入再分配政策。民主党和共和党,分别与之对应。

自由派声称代表穷人的利益,从言论上看显然更有同情心。然而,布鲁克斯给出的结论是自由派是言语上的巨人行动上的小矮人,自由派只会吹嘘对穷人给予同情,却比保守派更少付出行动表达自己的爱心。

1996年的一项民意调查中,有一个问题是:是否同意政府的收入再分配政策。调查结果是,43%的人(保守派)反对,33%的人(自由派)赞同。这两个群体的慈善行为相差很大,保守派不但更愿意捐款,而且他们的慈善平均捐款金额是自由派的4倍,即便是在非宗教慈善捐款上,保守派的捐款金额也是自由派的3.5倍。

当然,捐款的差异与非常多的因素有关,比如收入情况、宗教信仰、年龄、性别等等。但是,保持其他影响因素相同,两个人的差异仅仅是前者反对政府收入再分配,而后者支持政府收入再分配。统计分析显示,保守派比自由派的慈善捐款多出10%,每年会多捐出263美元。显然,反对政府强制再分配的保守派,要比赞同的自由派更加慷慨仁慈,更加热心慈善。

2000年,美国保守派家庭的慈善捐款金额平均为1600美元,而自由派家庭则为1227美元,前者比后者高出30%。这一差距并非因为保守派家庭的收入比自由派高造成,相反,自由派家庭的年均收入比保守派要高出6%。

人们会把政府的福利支出作为自己慈善行为的替代品,这就是政府的福利支出对私人慈善行为的挤出效应。既然政府收走了我的钱去搞福利,那我的慈善支出减少毫不奇怪。并且,政府的官方"慈善"行为,其效用也远远低于私人慈善。

研究表明,在罗斯福推行新政期间,教会对穷人的慈善捐助大大降低。1933年到1939年,美国政府的福利援助从零到占GDP的4%,而这期间私人的宗教性慈善捐款降低了30%。与此相反,里根总统在位期间,美国政府削减了各项社会计划支出,结果却是,美国80年代的私人慈善捐款增加了三分之一。

此外,本书还分析了宗教信仰对于个人的慈善行为的影响。信仰宗教的美国人比不信仰宗教的人,会捐赠更多慈善资金以及付出更多时间从事志愿服务。书中还专门用了一章的篇幅,说明慈善能让人更健康更幸福。

(by@喻涛1991)

图书在版编目(CIP)数据

有些道理只是逼真/淡笔社著. —上海:上海三联书店,2014.5
ISBN 978 - 7 - 5426 - 4679 - 8

Ⅰ.①有… Ⅱ.①淡… Ⅲ.①经济学－随笔－文集
Ⅳ.①F0 - 53

中国版本图书馆 CIP 数据核字(2014)第 047662 号

有些道理只是逼真

著　　者 / 淡笔社

责任编辑 / 彭毅文
装帧设计 / 江　湖
监　　制 / 李　敏
责任校对 / 张大伟

出版发行 / 上海三联书店
　　　　　(201199)中国上海市都市路 4855 号 2 座 10 楼
网　　址 / www. sjpc1932. com
邮购电话 / 021 - 24175971
印　　刷 / 上海展强印刷有限公司

版　　次 / 2014 年 5 月第 1 版
印　　次 / 2014 年 5 月第 1 次印刷
开　　本 / 890×1240　1/32
字　　数 / 220 千字
印　　张 / 7.375
书　　号 / ISBN 978 - 7 - 5426 - 4679 - 8/F·672
定　　价 / 25.00 元

敬启读者,如发现本书有印装质量问题,请与印刷厂联系 021 - 66510725